JN241373

離乳食はこの１冊でまるごと解決！

# 365日 マネするだけ 離乳食

レシピ監修：手作り離乳食 by ninaru
監修：中村美穂（管理栄養士）

## はじめに

離乳食開始１日目から完了期まで、

365日の献立例＆レシピを掲載！

そのままマネするだけで

バランスのよい離乳食が作れます。

# 本書の特徴と使い方

## 1日1ページ（後期からは2ページ）見たままマネするだけでOK！

毎日の献立とレシピが1ページ（後期から2ページ）に載っているので、見るのはその日のページだけでOK。献立に悩まず簡単にマネすることができます。離乳食に慣れてきたらレシピをアレンジしたり食材を替えても。

ninaru

### レシピは大人気アプリ「手作り離乳食」から厳選

本書は大人気アプリ「手作り離乳食」のレシピの中から特に作りやすいものを厳選し、栄養バランスを考慮して献立として組み合わせて掲載しています。

### 材料は1食分です

特に表記がない場合、材料はすべて1食分です。食べられる量には個人差があるので赤ちゃんに合わせて調整してください。

初期は前後半それぞれ4週間分のレシピが掲載されています。3回食となる中期～完了期は2週間分のレシピを繰り返すサイクルメニューとなっています。

### 時期別のインデックス

ページ右側に「初期（前半）」～「完了期」まで時期別のインデックスがあり、ひと目で時期がわかります。

卵　小麦　乳製品

### アレルギーマークで気をつけたい食材がわかる！

赤ちゃんの3大アレルゲン「卵」「小麦」（小麦粉）「乳製品」が材料に含まれるレシピにはマークがついています。赤ちゃんに食物アレルギーがある場合は注意してください。

## 3回食になる後期からは1日2ページになります

初期～中期までは基本的に1日1ページで構成されています。
3回食になる後期からは1日2ページになります。

初期～中期

後期～完了期

## オリジナル育児日記にしよう！

作ったレシピにチェックを入れたり、赤ちゃんの様子や食べて気に入ったものなどを書き込んだりしていくと、後々見返したときにとても良い記録になります。余白にどんどん書き込んで付箋をつけて、自分だけの育児日記にしてください。

# contents



## 本書について

＊本書に掲載されているレシピはアプリ「手作り離乳食」から抜粋しています。書籍化に伴い一部表記や内容を変更している箇所があります。
＊本書は厚生労働省策定「授乳・離乳の支援ガイド」（2019年改訂版）に基づいて制作しています。
＊赤ちゃんが食物アレルギーと診断されている、または疑いのある場合は、必ず医師と相談の上進めてください。

STAFF
デザイン・DTP：mocha design
構成：杉本透子
撮影：松本順子、山田結花（KADOKAWA）
写真：P8,13,23 buritora/P13,101,117 ucchie79/P79 polkadot_photo/P80 Margo Harrison/
P184 Mcimage（Shutterstock.com）
校正：西進社

離乳食のきほん

# なんのために離乳食を食べさせるの？

初めて育児をするママ・パパにとって、離乳食は知らないことだらけで不安を覚えるもの。最初に離乳食の役割と「これだけは！」のルールを知っておけば、約1年離乳食を進める中でずっと役立つはず。

## 目的1 不足するエネルギーや栄養素を補う

低月齢の赤ちゃんは母乳や育児用ミルクだけで必要な栄養をとることができましたが、5、6ヵ月ごろになるとエネルギーや栄養素が不足してきます。そのため、食事で栄養を補う必要があります。

## 目的2 「食べる力」をはぐくむ

液体しか飲んだことのない赤ちゃんがさまざまな食べ物をかみつぶし飲み込むことができるようになるための、食べる練習でもあります。大まかに4段階で調理形態を変え、食べ物の種類も増やしていきます。

## 目的3 生活リズムをととのえる

離乳食を進める時期は食事の時間や生活リズムが形づくられるとき。規則正しい食生活の土台を作るため、できるだけ決まった時間に離乳食を食べさせるようにしましょう。

## 目的4 食べる楽しさを経験する

食べることに慣れてきたら、家族と一緒に食卓を囲む時間を積極的に増やしましょう。楽しい時間を過ごすことで赤ちゃんが食事に興味を持ち、「食べることは楽しいこと」と感じるようになります。

# 離乳食の大事なルールを知ろう！

ルール

## 1 赤ちゃんの個性に合わせた進め方を

赤ちゃんの食欲や成長・発達の度合いはひとりひとり違います。月齢ごとの目安はありますが、個人差があるのでその通りにならなくても焦る必要はありません。赤ちゃんのペースで無理なく進めましょう。

ルール

## 2 赤ちゃんは細菌への抵抗力が弱いので衛生面に注意する

赤ちゃんを食中毒から守るため、衛生面には気をつけましょう。生ものを調理した包丁とまな板はその都度洗剤で洗い、調理を中断するときは冷蔵庫に入れましょう。食材を十分に加熱することも大切です。

ルール

## 3 初めての食材は加熱して少しずつ試す

食物アレルギーの心配があるため、初めて与える食材はすべて単品で少量ずつ与えるのが基本です。特にアレルギーの原因となりやすい食材（P10参照）やたんぱく質の多い食材は慎重に進めましょう。また、初めての食材は与えはじめてからしばらくの期間はレシピに記載がなくても仕上げに加熱し、与えたあとの子どもの様子を注意深く見守りましょう。

ルール

## 4 「大人用」のものは基本的にNG

「赤ちゃん用」ではない市販のお菓子など、糖分、油分が多く添加物が含まれるものは与えません。だし汁は手作りかベビー用のものが安心ですが、原材料が天然のものをごく薄くなら市販品も後期からはOK。

ルール

## 5 はちみつなど赤ちゃんNGな食材に注意

1歳未満の赤ちゃんがはちみつを食べると乳児ボツリヌス症にかかることがあるので絶対に与えてはいけません。赤ちゃんは内臓の機能が未熟で食中毒になりやすいため、生ものもNG。また牛乳を飲み物として与えるのは1歳を過ぎてからにしましょう。

はちみつ

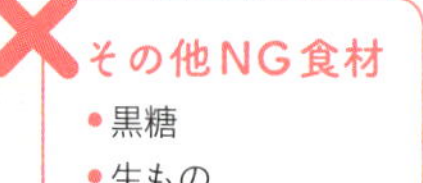


ルール

## 6 適切な時期に離乳食を始めよう

〈開始できる目安〉

1 首がしっかりすわっている
2 寝返りができる
3 5秒以上ひとりで座れる
4 スプーンを口に入れても舌で押し出さない
5 食べ物に興味を示す

※これらにあてはまらなくても、遅くとも生後6ヵ月のうちに始めましょう。

本書の内容は厚生労働省「授乳・離乳の支援ガイド」に沿って制作していますが、赤ちゃんは成長・発達の個人差が大きく、消化機能やその時の体調によっても状態が変わりますので、進め方や量、形態はあくまで目安とお考えください。離乳食について、心配を感じる時は必ずかかりつけ医に相談し、赤ちゃんの様子を見て無理なく進めてください。

赤ちゃんの成長のために！

# 栄養バランスから献立を考えよう

1日2回食となる中期になったら栄養バランスを意識し始めましょう。献立を考えるときに「主食・主菜・副菜」がそろっているかどうかをチェックすれば、自然と栄養バランスがととのいます。本書では見たままマネするだけでバランスがととのうような献立になっています。

1日2回食になったら

## 3グループの食材を組み合わせる

主食　主菜　副菜

### 穀類

米、パン、麺類、シリアルなどの穀物類。炭水化物を多く含み、体を作るエネルギー源となります。中でも米は赤ちゃんの消化吸収に負担が少なく食べさせやすい食材です。

### たんぱく質性食品

肉、魚、鶏卵、大豆製品、乳製品などたんぱく質を多く含む食材。筋肉や血を作るもとになり、不足しても過剰でも赤ちゃんの体に影響が出るおそれがあります。適量を守って。

### 野菜、果物、ミネラル類

野菜、果物、きのこ、海藻などビタミン・ミネラルを多く含む食材。体の調子をととのえ、免疫力を高めます。糖質やたんぱく質の吸収を助け、皮膚や粘膜を守る効果も。

## 食品の種類の増やし方

与える食品の種類は離乳食が進むごとに少しずつ増やしていきます。大まかな流れをつかんでおきましょう。

白米（おかゆ） ▶ 野菜、果物 ▶ 豆腐、白身魚、固ゆで卵黄 ▶ プレーンヨーグルト、脂肪の少ないチーズ、脂肪の少ない肉類、赤身魚→青皮魚、全卵、豆類、各種野菜、海藻類 ▶ 脂肪の多い肉類

大きな流れをイメージしよう！

レシピの材料を置き換えて

# 旬の食材を使おう！

旬の食べ物は栄養価が高く、味もおいしいので離乳食にも積極的に取り入れたいもの。
レシピの材料をその時期に食べられる旬のものに置き換えて作ってみましょう。

見通しを立てておこう！

# 離乳食の４ステップ早見表

| 月齢 | 〈初期〉5、6カ月ごろ<br>くわしくは▶P23 | 〈中期〉7、8カ月ごろ<br>くわしくは▶P79 |
|---|---|---|
| 食材の固さ | 前半 ▶ 後半<br>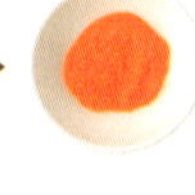<br>なめらかに すりつぶす<br>最初はなめらかにすりつぶしてポタージュ状に。徐々に水分を減らしヨーグルトくらいの固さにしていきます。 | 前半 ▶ 後半<br>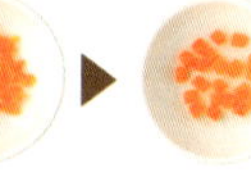<br>舌でつぶせる 固さ<br>絹ごし豆腐くらいの固さが目安。食材の形が少し残るすりつぶしから、細かくきざんだものにしていきます。 |
| 食事の回数と1食の目安量 | 1日1回<br>1日1回、ひとさじ〜小さじ1程度から始めます。最初は裏ごししたおかゆから。慣れてきたら野菜、豆腐、白身魚、卵黄などを試します。<br>前半 ▶ 後半<br>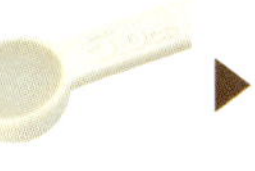<br>おかゆ／具入り おかゆ／野菜ペースト など<br>裏ごししたおかゆひとさじ〜小さじ1から始め、徐々に量と種類を増やしていきます。 | 1日2回<br>1日2回食となり、食事のリズムをつけていくころ。栄養バランスを意識して、献立に主食・主菜・副菜をそろえるようにします。<br>❶ おかゆなら 50〜80g<br>❷ 野菜・果物 20〜30g<br>❸ たんぱく質 いずれか<br>魚 10〜15g／肉 10〜15g／豆腐 30〜40g／卵 卵黄1〜全卵1/3／乳製品 50〜70g |
| 母乳・ミルク | 母乳・ミルクは授乳リズムに沿って欲しがるだけ与えます。 | 食後に授乳します。そのほかに母乳は欲しがるだけ、ミルクは1日3回程度飲ませます。 |
| ポイント | <br>・栄養バランスよりも、食べ物を飲み込む練習期間と考える | ・食べ物の種類を少しずつ増やしていく<br>・固形物に慣らしていく |
| よくある困りごと | ・離乳食作りに慣れず、作るのが大変<br>・開始時期がわからない<br>・食べるのをイヤがる<br>・母乳やミルクをよく飲み、離乳食が進まない | ・ちょうどいい固さに調理するのが難しい<br>・もぐもぐせずに丸飲みしている<br>・食べる量が少ない（多い）<br>・食べ物の種類がかたよる |

離乳食の開始から完了まで、大きく4つの時期に分けられます。
あくまで目安なので、無理なく赤ちゃんのペースで進めましょう。

## 〈後期〉9~11カ月ごろ

くわしくは▶P117

前半     ▶ 後半  

**歯ぐきでつぶせる固さ**

熟したバナナくらいの固さが目安。3mm角程度から5mm角程度と、少しずつサイズを大きくしていきます。

**1日3回**

1日3回食となり、食事のリズムが大人に近づいていきます。鉄分が不足しやすいので、肉や赤身の魚、レバーを取り入れて。

❶ おかゆなら90g~ 軟飯なら80g

❷ 野菜・果物 30~40g

❸たんぱく質 いずれか

| 魚 | 肉 | 豆腐 | 卵 | 乳製品 |
|---|---|---|---|---|
| 15g | 15g | 45g | 全卵1/2 | 80g |

毎食後のほか、母乳は欲しがるだけ、ミルクは1日2回程度飲ませます。

- 手づかみ食べの練習を始める
- くぼみのあるスプーンに変える

- 1日3回作るのが大変
- 献立に迷う
- 遊び食べをする
- 手づかみ食べをしない

## 〈完了期〉1歳~1歳6カ月ごろ

くわしくは▶P185

前半  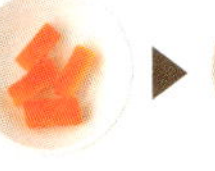 ▶ 後半  

**歯ぐきでかめる固さ**

やわらかい肉だんごくらいの固さが目安。8mm程度の角切りから4cm程度のスティック状まで色々な形に。

**1日3回**（+おやつ1～2回）

1日3回食が定着し、1~2回のおやつが加わります。炭水化物を中心に、食事に影響が出ない程度に食べさせましょう。

❶ 軟飯・ご飯なら80g

❷ 野菜・果物 40~50g

❸たんぱく質 いずれか

| 魚 | 肉 | 豆腐 | 卵 | 乳製品 |
|---|---|---|---|---|
| 15~20g | 15~20g | 50~55g | 全卵1/2~2/3 | 100g |

栄養の8割を離乳食からとるのが目安です。食後の授乳は徐々に減らしていきます。

- 食べ物を歯でかめるようになる
- 子ども用のスプーン・フォークを持たせてみる

- おやつの時間や献立に迷う
- 好き嫌いが出てきて食べ物がかたよる
- 遊び食べをする
- 食べる量が少ない（多い）

正しく知ろう！

# 乳幼児期の食物アレルギー

離乳食を始めたら気になるのが食物アレルギー。どんな食品が原因になるのか、どんなことに気をつければいいのか、正しく知っておきましょう。

## 食物アレルギーとは

食物アレルギーとは、特定の食べ物を食べたあとに皮膚や呼吸器、消化器、もしくは全身にアレルギー症状が出ることを言います。赤ちゃんは消化器官が未熟で、年齢別では最も食物アレルギーを発症しやすく、近年その数は増加しています。しかし乳幼児期の食物アレルギーは成長とともに改善し、そのほとんどが小学校入学までに治るとされています。

**食物アレルギーの罹患（りかん）状況の推移（3歳児）**

| 年度 | （%） |
|---|---|
| H11 | 7.1 |
| H16 | 8.5 |
| H21 | 14.4 |
| H26 | 16.7 |

出典：東京都健康安全研究センター「アレルギー疾患に関する3歳児全都調査（平成26年度）」（2015）

## 赤ちゃんの食物アレルギーの原因となる主な食品

卵

牛乳
（乳製品）

小麦

### 割合が高いのは「卵」「牛乳」「小麦」

赤ちゃんがアレルギー反応を起こす食品として最も多いのは「卵」「牛乳」「小麦」の三つ。ほかにも以下の食品がアレルゲンとなる可能性があります。

**その他の原因食物**

- 大豆
- 魚卵
- 魚類
- そば
- 甲殻類
- 果物類
- ピーナッツ
- ごま　など

## 予防することはできる？

離乳食の開始を遅らせたり、食物アレルギーを引き起こしやすい食品を与える時期を遅らせたりしても予防効果はないことがわかってきました。発症の一因として皮膚のバリア機能の低下があげられるので、低月齢からスキンケアはしっかり行いましょう。

## 初めての食材は病院が開いている時間に少量ずつ試す

アレルギー症状が出たときに原因となる食材が特定できるよう、初めての食材は少量を1種類ずつ与えます。特に食物アレルギーを引き起こしやすい食材はごく少ない量から始めましょう。症状が出た場合にすぐ受診できるよう、病院が開いている時間に試します。

## 食物アレルギーの症状が出たら

食物アレルギーの疑いがある症状が出たら、自己判断せずに必ず医師の診断を受けましょう。検査の結果食物アレルギーと診断された場合には医師の指示のもと、除去食等を進めていきます。除去する食品がある場合はほかの食品で栄養を補うようにしましょう。

症状が現れる部位

## 食物アレルギーの診断をされている、またはリスクがある場合

すでに食物アレルギーと診断されている場合、またはアトピー性皮膚炎があったり家族に食物アレルギーがあるなどリスクが高い場合は、必ず医師の指示のもとに離乳食を進めるようにしましょう。

このままマネせず、医師に相談を！

＼ スタート前にチェック！ ／

# 離乳食に必要なアイテムリスト

家にあるもので代用できるものも多いですが、少量を調理するには
小さなサイズの調理器具があるとラク！　少しずつそろえていきましょう。

## 調理器具

### ミニサイズがあると便利！

**小鍋**

大きな鍋で少量を調理すると焦げつきやすいので、直径15cmくらいの小さなものが便利。フタも必須です。

**ミニフライパン**

直径20cm程度の小さなフライパンが使いやすい。油をひかずに調理できるフッ素樹脂加工のものがおすすめ。

**ミニまな板**

離乳食専用に小さなまな板を用意できると衛生的です。「肉・魚用」と「それ以外」に分けるとさらに安心。

**茶こし**

しらす干しの塩抜きや納豆の粘り取りなどに活躍します。お湯をかけるので、持ち手が長いものが使いやすい。

### 離乳食調理の必需品

**裏ごし器**

裏ごし器を買わなくても、小さめのザルがあれば代用できます。初期のペーストメニューを作るときに使います。

**すり鉢・すりこぎ**

初期のとろとろメニューを作るとき、食材をすりつぶすのに使います。小さめのものがあると便利です。

**使いやすいサイズで便利！**
**離乳食調理セット**

ミニサイズの調理器具セットがあると特に初期～中期に役立ちます。

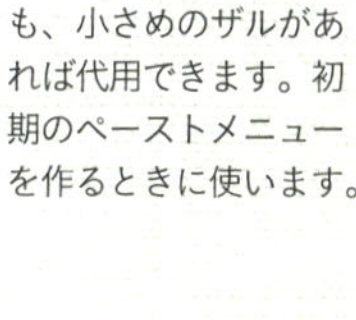

**おろし器**

食材をすりおろすのに使います。色移りがしにくく、耐熱性があり丈夫なセラミック製がおすすめです。

**キッチンスケール**

1回の量を把握するためにキッチンスケールは必須。簡単に取り出せる位置に置いて使いましょう。

**計量カップ＆スプーン**

離乳食は量が少ないので、大さじ(15mℓ)、小さじ(5mℓ)に加え小さじ1/2(2.5mℓ)の計量スプーンもあると便利です。

## 離乳食用スプーン

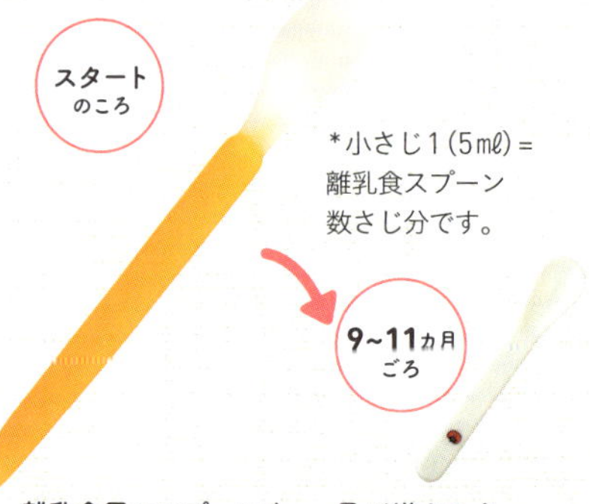


＊小さじ1（5mℓ）＝
離乳食スプーン
数さじ分です。

**離乳食用のスプーンを用意しよう！**

赤ちゃんの小さなお口でも食べやすい小さなスプーンを用意します。最初は食べ物を取りこみやすい平たいものがおすすめです。

**量が増えたらくぼみのあるものにチェンジ！**

9〜11ヵ月ごろになり、ひと口で食べる量が増えてきたらくぼみのあるスプーンに変更しましょう。

## 食器

**深さと重みのある、白い食器がおすすめ**

食器はある程度重さがあるほうが安定感があり、ひっくり返されにくくなります。カラフルなものは赤ちゃんにとっておもちゃのような感覚になってしまうので、色は白などシンプルなものに。離乳食に慣れたらおわんは自分で口をつけて飲む練習をするので小さめのものを、平皿はフチがありスプーンにひっかかるものを選びましょう。電子レンジOKのものが便利。

## 食事エプロン

**エプロンは時期ごとに便利なものを**

食べこぼしをキャッチしてくれるものが便利です。自分で食べるようになったら長袖のものも。

## ガーゼ・ハンカチ

**口の周りをぬぐったり、歯みがきも**

食後に口の周りをぬぐったり、歯が少ないうちはガーゼで歯をきれいにしたり、常に活躍します。

## 椅子

**腰がすわる前**

最初のころはママ・パパが赤ちゃんをひざに乗せて食べさせます。姿勢は授乳よりも少し立てるイメージです。

**腰がすわったら**

ローチェアなら地面に足がつくもの、ハイチェアなら足置きがあるものを選びます。姿勢も大事で、食事中赤ちゃんが舌や口を前に出すときその角度が床と平行になっているかチェックしましょう。

＼離乳食ならではのポイントをチェック！／

# 離乳食調理のキホン

大人用の料理とは違うポイントを知っておけば、スムーズに離乳食作りが進められます。

## 加熱 レシピによく登場する「やわらかく煮る」方法を知っておこう！

＼フタをしないとゆで時間が倍に！／

### 根菜類は「フタをして約10分」がだいたいの目安

にんじんなどの根菜類なら、沸騰してからフタをして約10分でやわらかく煮えます。葉ものの野菜なら2分程度。フタをしなければ2倍の時間がかかります。

### 指でつぶれるまで

左の加熱時間はあくまで目安。調理機器によって違いが出ます。一度ご家庭で食材が指でつぶれるまでやわらかく煮える時間を測ってみましょう。

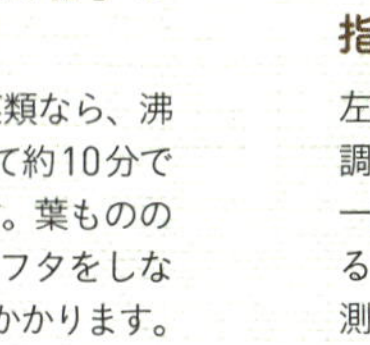

### 魚や肉はゆでる前に片栗粉をまぶすととろみがつく

加熱してパサパサになりやすい魚と肉は、ゆでる前に片栗粉を薄くまぶしておくと固くなりにくく、とろみがつきます。

### 大人の2倍のゆで時間が目安

パスタやうどんをゆでる場合は、パッケージに書いてある2倍の時間ゆでてみて固さを見ましょう。ゆであがったら、フタをしたまま火を止めて蒸らすと◎。

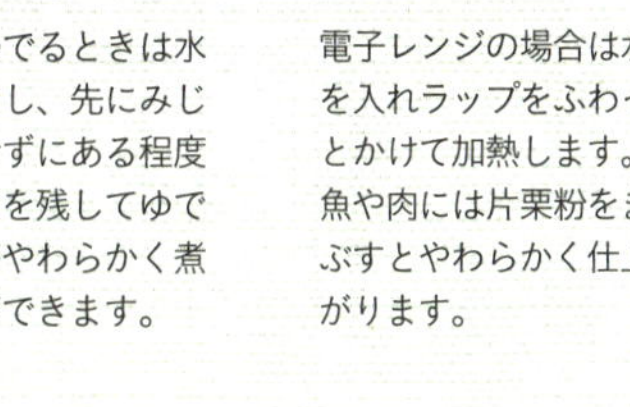

### 水は多め、食材はみじん切りする前にゆでる

食材をゆでるときは水を多めにし、先にみじん切りせずにある程度の大きさを残してゆでたほうがやわらかく煮ることができます。

### 電子レンジでの加熱は水を入れてふわっとラップを

電子レンジの場合は水を入れラップをふわっとかけて加熱します。魚や肉には片栗粉をまぶすとやわらかく仕上がります。

## 本書に関する決まりごと

＊ レシピの1カップ=200mℓ、大さじ1=15mℓ、小さじ1=5mℓです。
＊ 電子レンジの加熱時間は500Wを基準にしています。600Wの場合は加熱時間を0.8倍にしてください。機種によっても差がありますので、少しずつ加熱して様子を見てください。
＊ 材料にある「だし汁」は基本的にはP17で紹介する手作りのだし汁かベビーフードのだしを使用してください。

1カップ 200mℓ

大さじ1 15mℓ

小さじ1 5mℓ

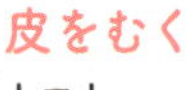


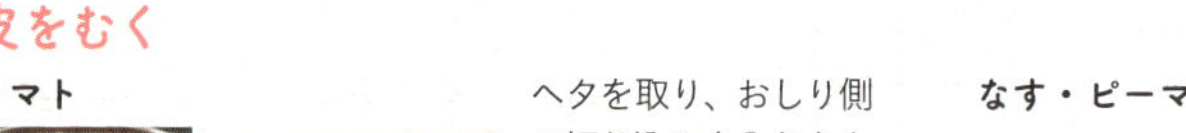

# 赤ちゃんは消化器官が未熟なので、体に負担をかけないための下ごしらえが必要です。

## 皮をむく

**トマト**

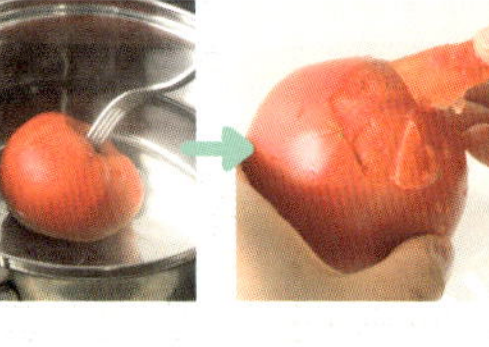
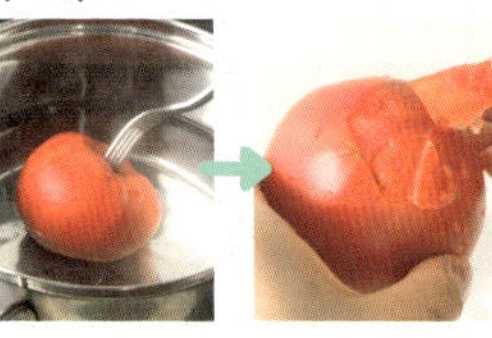
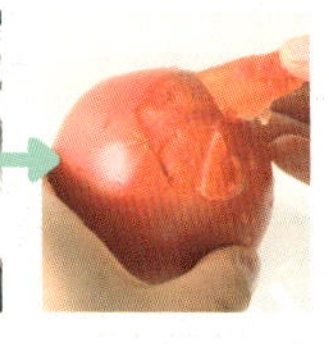
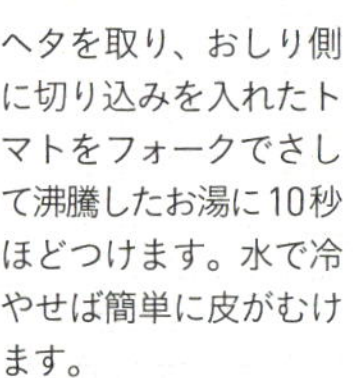

ヘタを取り、おしり側に切り込みを入れたトマトをフォークでさして沸騰したお湯に10秒ほどつけます。水で冷やせば簡単に皮がむけます。

**なす・ピーマンなど**

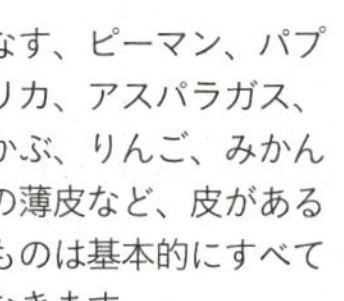
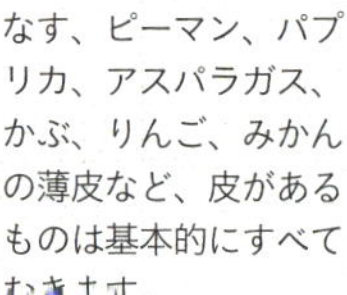

なす、ピーマン、パプリカ、アスパラガス、かぶ、りんご、みかんの薄皮など、皮があるものは基本的にすべてむきます。

## 種を取る

**トマト**　**オクラ**

トマト、オクラ、果物など種があるものは基本的にすべて取り除きます。トマトやオクラの種はスプーンで取るのが簡単です。

## 葉先・花蕾だけ使う

**ほうれん草**　**ブロッコリー**

ほうれん草は葉脈を取り、葉の部分だけを使います。ブロッコリーは小房に分け、花蕾（からい）（穂の部分）だけを使います。

※後期からはやわらかくしてきざめば茎の部分も食べられます。

## アクを抜く

**じゃがいも（加熱前）**　**ほうれん草（加熱後）**

アクを抜くため、いも類やなす、ごぼうなどは、加熱前に水にさらします。葉ものの野菜は下ゆでしたあとに冷水にさらします。いずれもさっと洗う程度の短い時間でOKです。

## 塩抜き・油抜き・粘り取り

**しらす干し**　**納豆**

しらす干しの塩抜き、納豆の粘り取り、ツナ缶の油抜きなどには、茶こしに食材を入れて熱湯をかけるのが簡単。

※しらすは初期のみ、ゆでるか多めの水をかけてから電子レンジで約1分加熱し、殺菌と塩抜きをしましょう。

## 魚の下ごしらえ

**片栗粉をまぶす**　**皮と骨を取る**

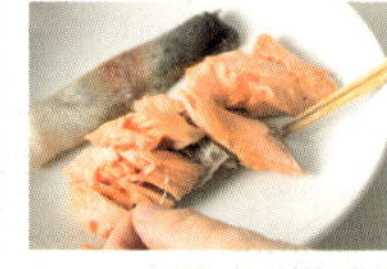
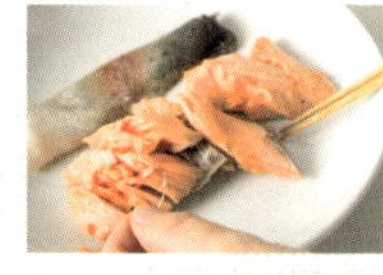
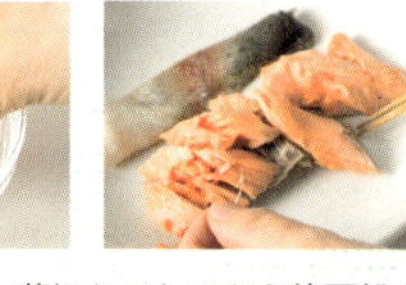

魚は皮と骨を取り、薄切りにしてから片栗粉をまぶして加熱します。切り身で加熱を先にした時は皮と骨を取ってフォークなどでほぐします。小さな骨が残っていないか確かめて。

## 肉の下ごしらえ

**すじや脂身を取る**　**片栗粉をまぶす**

鶏ささみはすじを取ります。その他の肉は脂身が少ないものを選び、脂身がある場合は取り除きます。加熱前に片栗粉をふるとやわらかくなります。

## 調理 赤ちゃんが食べやすいように調理するテクニックを7つ紹介します。

### 裏ごし

やわらかくゆでた食材をあたたかいうちに裏ごし器や小さめのザル（茶こしでも代用できます）にのせ、スプーンなどで押して網の目を通します。

### すりつぶし

やわらかくゆでた食材をすり鉢に入れ、すりこぎで押しつぶしてから円を描くように混ぜてさらにつぶします。初期は湯などを加えて水分量を増やします。

### すりおろし

固ゆでした野菜、りんご、冷凍したパン、高野豆腐や麩などの乾物はおろし器ですりおろすのがラク。食材をおろし器におしつけながらすりおろします。

### つぶす・ほぐす

赤ちゃんが口の中で食べ物をすりつぶすことができるようになったら、ほぐす調理を増やします。ゆでた野菜や魚、バナナなどをフォークや箸でほぐします。

### きざむ

中期はみじん切りにし、成長するにしたがって少しずつサイズを大きくしていきます。端から細かくきざみ、90度回して同様に細かくきざみます。

### のばす

主に初期に、裏ごし・すりつぶし・すりおろしした食材に湯や湯ざまし、野菜のゆで汁、だし汁などを加えてとろとろになるようにのばします。

最初は少量から！

### とろみをつける

**鍋で**

片栗粉に3倍の水（例：片栗粉小さじ1/3に水小さじ1）を入れて混ぜ、水溶き片栗粉を作ります。具材が煮立った鍋の中に加えて混ぜるととろみがつきます。

**電子レンジで**

電子レンジでも簡単にとろみづけができます。耐熱容器に食材と水を各大さじ1、片栗粉をひとつまみ入れて混ぜ、ふわっとラップをかけて約20秒加熱。取り出してすぐに混ぜ合わせます。

## だし汁・野菜スープの作り方

# 離乳食の味つけはだし汁と野菜スープが基本。まとめて作り、フリージングしておくと便利です。

### 昆布だし

水1カップと5cmほどに切った昆布を鍋に入れ（倍量は水2カップに昆布10cm程度）、30分ほどつけます。弱火にかけ、水泡が浮いてきたら昆布を取り出します。

### 即席かつおだし

耐熱容器にかつお節ひとつまみ（昆布を加えてもOK）と水大さじ2を入れふわっとラップをかけて電子レンジで30秒ほど加熱します。1食分のだし汁作りに便利。

〈中期〉7、8ヵ月～

### かつおだし

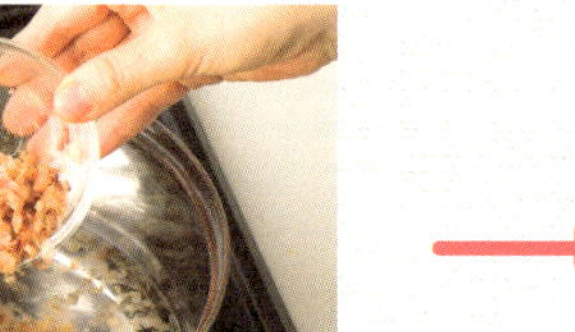

**1 かつお節を湯に入れる**

煮立たせた湯（水2カップ程度）に、かつお節を1/2カップ分入れて火を止めます。※水を昆布だしに変えると昆布＆かつお節だしになります。

**2 ザルでこす**

冷めてからザルやペーパータオルでこせば出来上がり。製氷皿で冷凍し、フリーザーバッグに移して冷凍保存しておくとしばらく使えます。

### 野菜スープ

**1 切った野菜と水を加熱する**

小鍋に水2カップと小さく切った野菜（にんじん1cm輪切り2枚を1cm幅に切ったもの、ちぎったキャベツ）計30gを入れ、フタをして10分ほどゆでます。

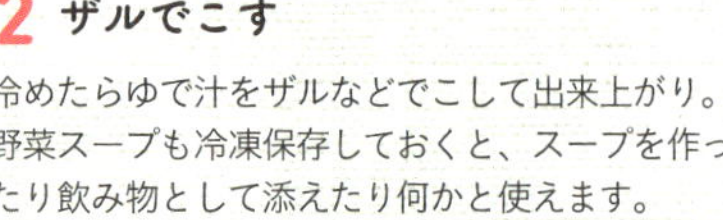

**2 ザルでこす**

冷めたらゆで汁をザルなどでこして出来上がり。野菜スープも冷凍保存しておくと、スープを作ったり飲み物として添えたり何かと使えます。

知っておきたい！

# ラクするポイント

毎日の離乳食作りが負担にならないよう、
自分に合ったラクする方法を見つけましょう。

## フリージング

いまや多くの人が頼るフリージング。よく使う食材をまとめて調理して冷凍しておくと、料理がぐんと時短になります。

### 下ごしらえのポイント

**1 食材が新鮮なうちに、1週間で使い切る量を調理する**

生鮮食品は時間が経つごとに鮮度が落ちます。特に肉と魚は食中毒の心配があるため、なるべく購入した日に加熱調理するようにしましょう。

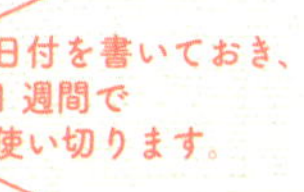

日付を書いておき、
1週間で
使い切ります。

**2 フリージング用のアイテムを使って、1回分ずつ小分けに冷凍する**

〈初期〉5、6カ月ごろ

製氷皿

フリーザーバッグ

初期のおかゆやペーストメニューに。製氷皿で冷凍し、凍ったらはずしてフリーザーバッグで冷凍保存すると使いやすく場所を取りません。だし汁や野菜スープ、汁ものの冷凍保存には全期を通して使います。

〈中期〉7、8カ月ごろ以降

小分け容器

ラップ・
フリーザーバッグ

シリコンカップ

離乳食が進み、量が増えてきたら主食は1回分ずつ小分け容器に入れるか、ラップで包むのが便利。野菜や肉・魚は汁気の少ないものはラップで、多いものは小分け容器かシリコンカップでの保存がおすすめです。乾燥やにおい移りを防ぐために、密閉容器やフリーザーバッグに入れましょう。

### 電子レンジ解凍のポイント

**1 食材が凍ったまま、ふんわりラップをかけて使う分だけ解凍する**

耐熱容器に入れて加熱します。一度解凍してから再度冷凍するのはNG。雑菌が繁殖しやすくなります。

**2 様子を見ながら全体が熱々になるまで加熱する**

あたたまり方にムラがあるので、スプーンでかき混ぜて冷たいところがないかチェックします。

**3 器を移し替えたり保冷剤をのせて人肌まで冷ます**

保冷剤を上下に置いたり器を移し替えると早く冷めます。舌をやけどしないよう、与える前に十分冷めているかチェックを。

## ハンドブレンダー

初期の裏ごしやすりつぶしは時間がかかって大変。
ハンドブレンダーやミキサーがあると短時間で調理できます。

耐熱容器や鍋の中に直接入れて使えます。まとめて下ごしらえするのに便利。

### 〈初期〉の調理が劇的にラクに！

初期はおかゆから野菜、魚まですべてすりつぶす必要があるので、ハンドブレンダーが最も活躍する時期。すべてのペーストメニューに役立ちます。

### ポタージュ作りにずっと役立つ！

素早く均一につぶせるのでポタージュスープやスムージー作りにも便利。じゃがいものマッシュや豆腐クリームなど、中期以降のメニューにも色々使えます。

---

## ベビーフード

困ったときに心強いベビーフード。時期ごとの調整がされているので、味見してみると参考になります。

### ベビーフードの良いところ

- 食品数、調理方法が豊かになる
- 月齢に合わせて味や形が調整されているので、離乳食調理の見本になる
- 離乳食の組み合わせの参考になる

### 気をつけたいところ

- 食品単品の味や固さが体験しにくい
- 栄養バランスが取りにくい場合がある
- 商品によっては月齢ごとの咀しゃく機能に適していないものがある

### 時期別！ こんなベビーフードが便利です

**〈初期〉**
**5、6カ月ごろ**

フリーズドライのものは1食分ずつ使えて便利です。お湯で溶いて使います。

**〈中期〉**
**7、8カ月ごろ**

中期からはとろみづけが多くなります。毎回作るのは大変なので、上手に活用しましょう。

**〈後期〉**
**9～11カ月ごろ**

いわしやレバーなどを食べさせたいけれど調理が大変なものを試すのに。味の参考にも。

**〈完了期〉**
**1歳～1歳6カ月ごろ**

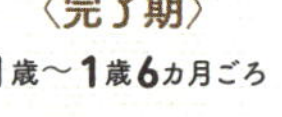

食べる量が増えて手作りで追いつかないときにおかずの足しに。丼にするなどアレンジも。

＼迷ったらチェック！／

# 赤ちゃんが時期ごとに食べられる食材リスト

「この食材は食べさせてもいいの？」と迷ったら、この表で確認してみましょう。時期別の○△×表示と各食材のポイント・与え方を参考にしてください。

○その時期に適した形状にすれば食べられるもの。 △注意すれば少量を食べていいもの。 ×まだ食べさせない方がいいもの。
**初** 初期（5〜6ヵ月ごろ） **中** 中期（7〜8ヵ月ごろ） **後** 後期（9〜11ヵ月ごろ） **完了** 完了期（1歳〜1歳6ヵ月ごろ）

## 炭水化物

| | | 初 | 中 | 後 | 完了 | ポイント・与え方など |
|---|---|---|---|---|---|---|
| 米類 | 白米 | ○ | ○ | ○ | ○ | 時期と好みに合わせてかゆの水分を減らし、1歳ごろからご飯にしても○。 |
| | 餅 | × | × | × | × | 弾力がありのどにつまる恐れがあるため与えられません。 |
| パン類 | 食パン | △ | ○ | ○ | ○ | 米がゆに慣れた後、油脂の多い食パンの耳を除いて使用。 |
| | ロールパン | × | × | △ | ○ | 卵、油脂を含むので後期は皮を除いて。1歳からは薄切りに。 |
| シリアル類 | オートミール | △ | ○ | ○ | ○ | かゆ状にして与える。後期以降はハンバーグなどのつなぎにしても。 |
| | コーンフレーク（無糖） | △ | △ | ○ | ○ | はじめはかゆ状にし、慣れたら水分を含ませてしっとりさせる。 |
| 麺類 | うどん | ○ | ○ | ○ | ○ | なるべく食塩不使用のものを、やわらかくゆでてきざむ。 |
| | そうめん | ○ | ○ | ○ | ○ | 短く折ってゆで、水洗いして塩分を抜く。 |
| | マカロニ | × | ○ | ○ | ○ | やわらかくゆで、水気を切ってきざむ。早ゆでタイプが便利。 |
| | スパゲティ | × | ○ | ○ | ○ | 短く折ってゆで、そのままふやかし、水気を切ってきざむ。 |
| | 中華麺 | × | × | × | ○ | 弾力がありかみにくいので、1歳以降に、やわらかくゆでてきざむ。 |
| | そば | × | × | × | ○ | アレルギーがないかを確認し、1歳以降に、やわらかくゆでてきざむ。 |
| 芋類 | じゃがいも | ○ | ○ | ○ | ○ | かゆに慣れたら始める。切ると変色するのですぐ水にさらす。 |
| | さつまいも | ○ | ○ | ○ | ○ | かゆに慣れたら始める。切ると変色するのですぐ水にさらす。 |
| | 里芋 | × | ○ | ○ | ○ | かゆくなる成分があり、中期ごろから少量与えて様子をみる。 |
| その他 | ホットケーキミックス | × | × | △ | ○ | 香料など含まないプレーンなものを少量から。 |

## ビタミン・ミネラル

| | | 初 | 中 | 後 | 完了 | ポイント・与え方など |
|---|---|---|---|---|---|---|
| 野菜 | にんじん | ○ | ○ | ○ | ○ | 初期から使える緑黄色野菜。すりおろして加熱して使うのもよい。 |
| | かぼちゃ | ○ | ○ | ○ | ○ | 初期から使える緑黄色野菜。皮、種、わたは除く。 |
| | 大根・かぶ | ○ | ○ | ○ | ○ | かぶは繊維があるので初期は裏ごすとよい。葉先は中期から。 |
| | トマト | ○ | ○ | ○ | ○ | 皮、種を除き、加熱せずに与えられる。ミニトマトも同じ。 |
| | ほうれん草 | ○ | ○ | ○ | ○ | 緑の葉の部分を使い、ゆでて水にさらしてアクを抜き、きざむ。 |
| | 小松菜 | ○ | ○ | ○ | ○ | 緑の葉の部分を使い、ゆでて水気を切り、きざむ。 |
| | ブロッコリー | ○ | ○ | ○ | ○ | 緑の花蕾部分から始め、後期からは茎の方も使用できる。 |

| | | 初 | 中 | 後 | 完了 | ポイント・与え方など |
|---|---|---|---|---|---|---|
| 野菜 | キャベツ | ○ | ○ | ○ | ○ | やわらかい葉の分をやわらかくゆで、きざむ。 |
| | レタス | ○ | ○ | ○ | ○ | 他の野菜に慣れてから、ゆでてきざむ。 |
| | チンゲン菜 | ○ | ○ | ○ | ○ | 緑の葉の部分からはじめ、後期からは芯の方も使用できる。 |
| | 白菜 | ○ | ○ | ○ | ○ | やわらかい葉の部分からはじめ、後期から芯の方も使用。 |
| | なす | △ | ○ | ○ | ○ | 皮をむき、切ったらすぐ水にさらし色止めしてゆで、きざむ。 |
| | きゅうり | ○ | ○ | ○ | ○ | 初期は皮をむきすりおろして加熱。中期からは薄切りをゆでてきざむ。 |
| | とうもろこし | ○ | ○ | ○ | ○ | 中期までは薄皮をむく。中期からは食塩、砂糖不使用の缶詰を使っても。 |
| | ピーマン、パプリカ | × | ○ | ○ | ○ | ヘタ、種を除き、ピーラーで皮をむき、やわらかくゆでてきざむ。 |
| | オクラ | × | ○ | ○ | ○ | 後期までは縦半分に切り種を除き、やわらかくゆでてきざむ。 |
| | アスパラガス | × | ○ | ○ | ○ | 繊維が多いので穂先から始め、下の方は皮をむいて使用。 |
| | レンコン | × | ○ | ○ | ○ | 繊維が多く煮てもやわらかくならないのですりおろすとよい。 |
| | もやし | × | × | ○ | ○ | ゆでてもかみ切りにくいので、細かくきざんで食べやすく。 |
| | ねぎ・ニラ | × | △ | ○ | ○ | 繊維が多く苦みもあるため、やわらかくゆでみじん切りにし少量から。 |
| | 玉ねぎ | ○ | ○ | ○ | ○ | 煮るとやわらかく、甘みもあるので使いやすい。 |
| | にんにく・しょうが | × | × | × | ○ | 辛味と香りが強いため、1歳以降加熱したものを少量混ぜる程度に。 |
| きのこ・海藻類 | きのこ類 | × | × | △ | ○ | 食物繊維が多くかみにくいので、加熱してきざんだものを少量から。 |
| | わかめ | × | △ | ○ | ○ | 食物繊維が多く、やわらかくゆでてみじん切りにして少量から。 |
| | 焼きのり | × | ○ | ○ | ○ | 大きいと口の中ではりつき、のどにつまることもあり小さくちぎる。 |
| | ひじき | × | △ | ○ | ○ | 食物繊維が多く消化しにくいのでやわらかくゆでみじん切りにして。 |
| | 粉寒天 | × | △ | ○ | ○ | 液体に混ぜ煮溶かして使い、ゼリーや煮物のとろみづけに。 |
| 果物 | バナナ | ○ | ○ | ○ | ○ | 空気に触れると変色するため食べる直前に切る。 |
| | りんご | ○ | ○ | ○ | ○ | 加熱し煮りんごにしてきざむ。生ですりおろすなら食べる直前に。 |
| | いちご | ○ | ○ | ○ | ○ | 初期は裏ごしして種を除き、中期からはそのままきざんで与える。 |
| | みかん | ○ | ○ | ○ | ○ | 薄皮、すじを取り、きざむ。1歳以降は薄皮付きで半分に切っても。 |
| | 桃 | ○ | ○ | ○ | ○ | 空気に触れると変色するため食べる直前に切る。 |
| | すいか・メロン | ○ | ○ | ○ | ○ | 種を除き、初期はすりつぶし、中期以降はきざむ。 |
| | キウイフルーツ | × | △ | ○ | ○ | 食物繊維が多く酸味もあるので他の果物に慣れてから。 |

## たんぱく質

| | | 初 | 中 | 後 | 完了 | ポイント・与え方など |
|---|---|---|---|---|---|---|
| 大豆製品 | 豆腐 | ○ | ○ | ○ | ○ | 消化がよく、初めてのたんぱく質食品として使える。 |
| | 高野豆腐 | ○ | ○ | ○ | ○ | すりおろしてたっぷりの水分で煮る。後期からはみじん切りでも。 |
| | 納豆 | × | ○ | ○ | ○ | 中期から、ひき割りを加熱し、慣れたらそのまま。1歳以降小粒でも。 |
| | きなこ | ○ | ○ | ○ | ○ | 少量かける程度から始め、後期からはおにぎりなどにまぶしても。 |
| | 水煮大豆 | △ | ○ | ○ | ○ | やわらかくゆで薄皮をむき、すりつぶす〜きざむ。枝豆も同じ。 |

| | | 初 | 中 | 後 | 完了 | ポイント・与え方など |
|---|---|---|---|---|---|---|
| 大豆製品加工品 | 豆乳 | △ | ○ | ○ | ○ | 牛乳の代わりにもなるが、消化しにくいので少量から始める。 |
| | 焼き麩 | △ | ○ | ○ | ○ | 乾燥ですりおろすか、水で戻してきざんで煮る。 |
| 鶏卵 | 卵 | △※ | △ | ○ | ○ | 豆腐や魚に慣れたら、ゆで卵黄少量から、アレルギーに注意して始める。※卵黄のみ |
| 魚介類 | しらす干し | ○ | ○ | ○ | ○ | カタクチイワシの稚魚。やわらかく消化しやすいので初期から塩抜きして使う。 |
| | 鯛 | ○ | ○ | ○ | ○ | 低脂肪で身がやわらかく、臭みもないので魚デビューにおすすめ。 |
| | かれい・ひらめ | ○ | ○ | ○ | ○ | 白身魚として初期から使える。皮、骨がない刺身が便利。 |
| | たら | ○ | ○ | ○ | ○ | 白身魚として初期から使える。塩だらではなく生だらを使う。 |
| | 鮭 | × | ○ | ○ | ○ | 脂質が多めなので中期から。加熱後に皮、骨を除いて細かくほぐす。塩鮭でなく生鮭を。 |
| | まぐろ(赤身)・かつお | × | ○ | ○ | ○ | 赤身魚として中期から、加熱して細かくほぐして使う。 |
| | めかじき | × | △ | ○ | ○ | 白身魚に慣れてから、加熱して細かくほぐして使う。 |
| | あじ・いわし・さんま | × | × | ○ | ○ | 脂質の多い青魚は後期から。皮、骨を除きほぐして使う。 |
| | さば | × | × | ○ | ○ | 脂質の多い青魚は後期から。皮、骨を除きほぐして使う。 |
| | ぶり | × | × | ○ | ○ | 脂質が多いので後期から。しっとりしていて使いやすい。 |
| | あさり | × | × | × | ○ | しっかり火を通して細かくきざむ。 |
| | 牡蠣 | × | × | × | ○ | しっかり火を通して細かくきざむ。 |
| | エビ・カニ | × | × | × | △ | 甲殻アレルギーがなければ、1歳以降少量与えられる。 |
| | イカ・タコ | × | × | × | × | 弾力がありかみ切れないので、離乳食には不向き。 |
| | ツナ水煮缶 | × | ○ | ○ | ○ | 食塩不使用のノンオイルがよい。汁気を切り、ほぐして使う。 |
| | さば水煮缶 | × | × | ○ | ○ | 皮、骨を除き、汁を切ってほぐして使用。 |
| | かつおけずり節 | × | ○ | ○ | ○ | 細かくほぐしてそのまま使えて、うまみや香りをプラスできる。 |
| | はんぺん・ちくわ・かまぼこ | × | × | × | △ | 魚肉製品は添加物の少ないものを、加熱し細かくきざむ。 |
| 乳製品 | プレーンヨーグルト | ○ | ○ | ○ | ○ | 無糖のため酸味が苦手な場合はバナナやおろしりんごなどを混ぜて。 |
| | カッテージチーズ | × | ○ | ○ | ○ | 低脂肪のため、中期から使える。裏ごしタイプが便利。 |
| | 粉チーズ | × | △ | ○ | ○ | 塩分があるので少量ふりかける程度に。 |
| | プロセスチーズ | × | △ | ○ | ○ | 塩分があるので少量きざんで混ぜて使用。 |
| | 溶けるチーズ | × | × | △ | ○ | 塩分、脂肪分が多いので少量きざんで使用。冷めると固まるので注意。 |
| | 牛乳 | △ | ○ | ○ | ○ | 加熱すれば少量から、離乳食に使用できる。コップで飲むのは1歳以降。 |
| 肉類 | 鶏ささみ | × | ○ | ○ | ○ | やわらかく低脂肪なので肉のスタートに。煮汁もうまみが出て使える。 |
| | 鶏むね肉・鶏もも肉 | × | △ | ○ | ○ | むねはささみに慣れてから、ももは脂肪も多く後期から、小さくきざむ。 |
| | レバー | × | △ | ○ | ○ | ビタミン・ミネラルを多く含むが、ビタミンA過剰にならないよう少量をたまに使う程度に。 |
| | 豚赤身肉 | × | × | ○ | ○ | 鶏肉に慣れたら。脂身は除き、加熱後に細かくきざんで使う。 |
| | 牛赤身肉 | × | × | ○ | ○ | 鶏肉に慣れたら。脂身は除き、加熱後に細かくきざんで使う。 |
| | ソーセージ・ベーコン・ハム | × | × | × | △ | 脂肪、塩分が多く、かみにくいので少量から、きざんで混ぜて使う。 |

# 〈初期〉 5、6カ月ごろ（前半）

おさらい！
**離乳食スタートの目安**

- □ 首がしっかりすわっている
- □ 寝返りができる
- □ 5秒以上ひとりで座れる
- □ スプーンを口に入れても舌で押し出さない
- □ 食べ物に興味を示す

# 〈初期〉5、6カ月ごろ（前半）

## 赤ちゃんの準備ができたら、迷わずスタート

生後5カ月を過ぎ、周りの人の食事をじっと見つめたり、口を動かすなど「食べたいサイン」が見られたら離乳食を開始しましょう。サインがなくても、P23のチェックリストにいくつかあてはまったり、生後6カ月が過ぎたら遅くともその月齢のうちに始めましょう。

## 1日1回、午前中を離乳食タイムに

初期の前半は、離乳食は1日1回。アレルギー症状が出た場合や心配ごとに備えて病院を受診できるよう午前中に与えましょう。できるだけ毎日同じ時間に食べさせて食事のリズムを作っていきます。

### この時期のタイムスケジュール例

| 時間 | 5 | 6 | 7 | 8 | 9 | 10 | 11 | 12 | 13 | 14 | 15 | 16 | 17 | 18 | 19 | 20 | 21 | 22 | 23 | 24 |
|---|---|---|---|---|---|---|---|---|---|---|---|---|---|---|---|---|---|---|---|---|
| 離乳食と母乳（ミルク） | | | | | | | | 1日1回 | | | | | | | | | | 赤ちゃんが寝る時間に合わせて | | |

### 母乳・ミルクの与え方

この時期の栄養はまだ母乳・ミルクが大半です。離乳食を食べたあとに満足するまで授乳し、ほかの時間も離乳食開始前と同じように欲しがるだけ与えます。

### 歯みがきについて

この時期から歯の生え始める赤ちゃんが多くなります。1~2本のうちはガーゼできれいになりますが、イヤがらないうちに歯ブラシに慣れてもらうのも○。

## 食べさせ方

### 姿勢

最初は大人が抱っこして、授乳のときより少し体を立てるイメージで座らせます。バウンサーや背もたれのあるラックに座らせてもOK。

### スプーンの運び方

赤ちゃんの下唇にスプーンをチョンチョンと当て、口をあけたらスプーンをさし出して。スプーンをくわえたら水平に引き抜きます。

**離乳食用スプーンで**

赤ちゃんが食べやすい離乳食用のスプーンで与えます。最初はスプーンにたっぷりではなく少量ずつのせて。

## 飲み物について

以前は離乳食の開始前に赤ちゃんに果汁を与える慣習がありましたが、現在はその必要性はないとされています。離乳食がスタートしたあとも基本的には授乳で水分をとります。飲み物を考えるなら、離乳食に慣れたころから湯ざましや野菜スープを用意しましょう。食後に飲ませてお口の中をきれいにします。

湯ざまし　　野菜スープ

＼全期を通して／

### 初めて与える食材について

初めて登場する食材について、初期前半は少量ずつ与える例を記載していますが、初期後半からは初めてでも1食分の量が記載されています。初めて試す食材は少量ずつ与えるのが基本なので、レシピを試す前に少量ずつ与えるか、初めての食材を少量にして、同じ栄養源のグループで食べたことのある食材に置き換えてください。どんな食材でもアレルギーのリスクは0%ではありませんが、特に卵、小麦、乳製品、たんぱく質を含む食材全般、果物については初めて食べたあとの様子をよく見てあげましょう。

# 〈初期〉5、6カ月ごろ（前半）

## 1食分の目安量

まだ栄養素の組み合わせは考えなくてもOK。10倍がゆ小さじ1から始め、野菜、たんぱく質と試していきます。

### 炭水化物

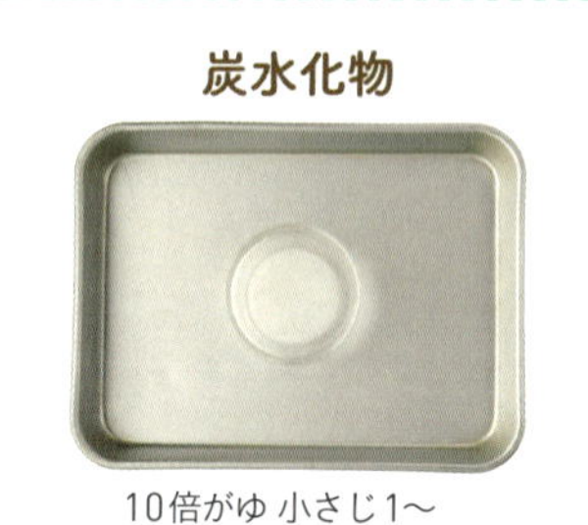

10倍がゆ 小さじ1〜

### ビタミン・ミネラル

いずれか
- にんじんなら　5gほど
- かぼちゃなら　5gほど
- ほうれん草なら　5gほど
- ブロッコリーなら　5gほど

### たんぱく質

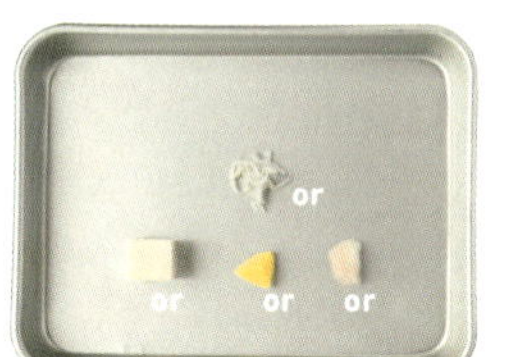


いずれか
- しらすなら　3gほど
- 豆腐なら　10gほど
- 卵黄なら　耳かき1杯分〜小さじ1/2ほど
- 白身魚なら　3gほど

※分量はあくまで目安です。個人差があるので量は調整してOKです。

## 食材の固さ

なめらかにすりつぶし、とろとろのポタージュ状にします。最初はざらつきをなくすために裏ごしをしましょう。

## 味つけ

基本的に味つけはしません。食材やだし汁にも塩分が含まれているので、だし汁を使いたい場合は初期後半からごく薄くしましょう。

## 基本のペーストメニューの作り方

1

### 大きめに切る

にんじん、じゃがいもなどの根菜は1cm厚さの輪切りにして棒状に。葉物の野菜や魚もみじん切りせず大きめに切りましょう。

2

### やわらかくゆでる

小鍋に1とたっぷりの水を入れて強火にかけます。沸騰したら弱火にし、フタをして指でつぶれるくらいやわらかくなるまで10分ほどゆでます。

3

### すりつぶしてのばす

食材をすりつぶし、2のゆで汁を加えてとろとろのペースト状になるまでのばします。

## 固ゆで卵黄の作り方

1

### 水から約20分ゆでる

鍋に卵とかぶるくらいの水を入れて、フタをして約20分ゆでます。

2

### 白身をはがす

卵をすぐ水で冷やしてカラをむきやすくします。アレルギーをおこしやすい白身のたんぱく質が黄身へ移行しないように、冷えたらなるべく早くカラをむいて白身と黄身を分けます。

3

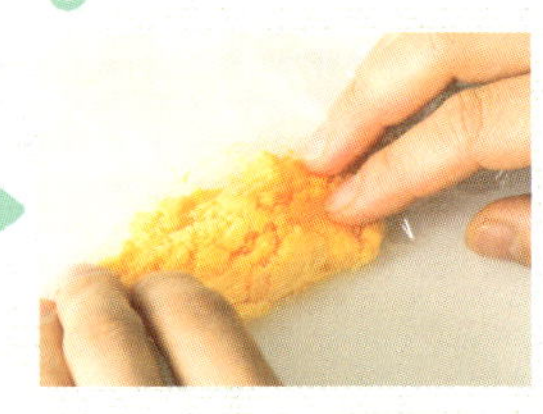

### 黄身をラップで包んでつぶす

黄身をラップで包んでつぶします。ラップを使うとラクにつぶせて衛生的です。またそのまま薄く細くのばして冷凍しておくと、使うときに簡単に1回分を取り出すことができます。

※医師から卵アレルギーと診断されている場合は、必ず医師の指示に従ってください。

1日目　2日目

〈初期〉
5、6カ月ごろ（前半）　1回食

# 10倍がゆ
## 小さじ1

**材料（作りやすい分量／大さじ約12杯分）**
- 炊いたご飯…40g
- 水…250mℓ

**作り方**

1

**ご飯と水を火にかける**
小鍋にご飯と水を入れて強火にかけ、煮立ったら弱火にしてフタをして15〜20分ほど加熱する。焦げつかないよう、ときどき底からかき混ぜる。

2

**蒸らす**
ふっくらしたら火を止め、フタをして15〜20分ほど蒸らす。

3

**裏ごしする**
粗熱がとれたら、全体を裏ごしする。

**米から作る場合は▶ P29**

※鍋で米から作る場合は、洗った米と水をP29の容量比で鍋に入れます。20分ほど浸水させたら強火にかけ、煮立ったら弱火にしてフタをし、ときどきかき混ぜながら40分ほど加熱します。そのあとは上の2、3と同様にします。
※電子レンジを使う場合は、ラップをかけ、端を少し開けて約10分加熱します。途中で数回取り出して混ぜます。そのまま20分蒸らして、裏ごししましょう。
※1週間分くらいをまとめて作って、1食分ずつ製氷皿などに入れて冷凍するのがおすすめです。

# 簡単なおかゆの作り方

## 炊飯器で作る

1

作りたいおかゆに合わせて、下の表の容量比で米と水を準備します。米を洗い、水気を切って水とともに内釜に入れます。

2

できれば20分ほど浸水させ、おかゆモードで炊きます。軟飯の場合は炊飯モードです。

3

炊き上がったら保温をせず、スイッチを切って20分ほど蒸らします。

### 水加減の早見表

米から炊飯器・鍋で作るときの米と水の分量比です。

| かゆの種類 | 10倍がゆ | 7倍がゆ | 5倍がゆ（全がゆ） | 軟飯 |
|---|---|---|---|---|
| 米：水（容量比/作りやすい量） | 1:10<br>30mℓ:300mℓ（26g） | 1:7<br>50mℓ:350mℓ（43g） | 1:5<br>100mℓ:500mℓ（85g） | 1:2<br>200mℓ:400mℓ（170g） |

## 5倍がゆをマスターすれば全期のおかゆが作れる！

5倍がゆは「炊いたご飯：水＝1:2」の容量比で作りやすく、一度作り方をマスターすれば全期を通してすべてのおかゆのベースにできます。

**材料（後期の約6回分）**

- 炊いたご飯…160g（200mℓ）
- 水…400mℓ

**作り方**

1. 小鍋にご飯と水を入れ混ぜて強火にかけ、煮立ったら弱火にしてフタをして20分ほど加熱する。焦げつかないよう、ときどき底からかき混ぜる。
2. ふっくらしたら火を止め、フタをして30分ほど蒸らす。

**10倍がゆにするには**

5倍がゆ大さじ1をすりつぶし、湯大さじ1程度を加えてのばす。

**7倍がゆにするには**

5倍がゆ大さじ2に対して湯大さじ1程度を加えてのばす。

**軟飯にするには**

5倍がゆ大さじ2に対して大人用のご飯大さじ3を混ぜる。

〈初期〉

**5、6カ月ごろ（前半）**

**10倍がゆ**
**小さじ1～2**

▶P28

**5日目 ～**

〈初期〉

**5、6カ月ごろ（前半）**

**10倍がゆ**
**小さじ2～3**

▶P28

〈初期〉
# 5、6カ月ごろ（前半）

## 10倍がゆ 小さじ2～4

▶P28

＋

## すりつぶしにんじん 小さじ1

**材料**
- にんじん…2g（2㎜厚さ輪切り1枚）
- ゆで汁…小さじ1程度

**作り方**
1 小鍋にいちょう切りにしたにんじんと水1カップ程度（※**1**）を入れ、フタをして強火にかける。
2 沸騰したら火を弱め、にんじんがやわらかくなるまで10分ほどゆでる。
3 すり鉢ににんじんを入れてすりつぶし、ゆで汁を加えとろとろになるまでのばす。

※**1** 水や湯の分量はP36まで同じです。

- 献立はあくまでサンプルです。赤ちゃんの成長や発達に合わせて無理なく進めましょう。
- 赤ちゃんが食物アレルギーの診断を受けている、または疑いのある場合は必ず医師と相談の上進めてください。

10日目

〈初期〉
**5、6カ月ごろ（前半）**

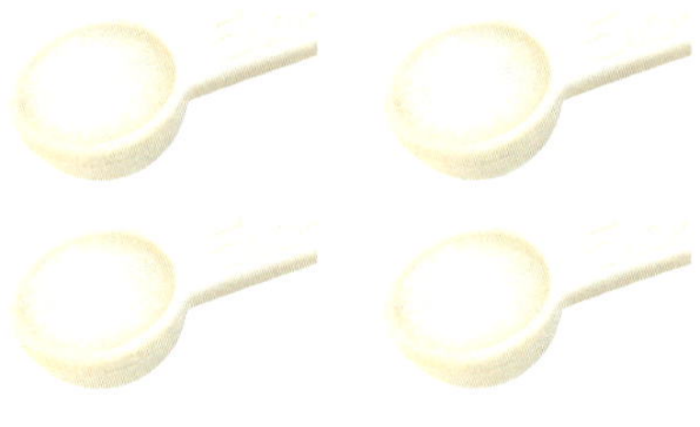

## 10倍がゆ
### 小さじ2〜4

▶P28

## すりつぶしかぼちゃ
### 小さじ1

**材料**
- かぼちゃ（皮を除く）…2g（1.5cm角）
- ゆで汁…小さじ1程度

**作り方**
1. 小鍋にかぼちゃと水を入れ、フタをして強火にかける。
2. 沸騰したら火を弱め、かぼちゃがやわらかくなるまで5分ほどゆでる。
3. すり鉢にかぼちゃを入れてすりつぶし、ゆで汁を加えてとろとろになるまでのばす。

12日目 13日目

〈初期〉
5、6カ月ごろ（前半）

1回食



## 10倍がゆ
小さじ2～4

▶P28

＋

## すりつぶしトマト
小さじ1

**材料**

- トマト（皮、種を除く）
  …5g（1cm厚さのくし形切り）
- 湯…小さじ1/2程度

**作り方**

1 小鍋に湯を沸かし、種を除いたトマトを入れて3秒ほどさっとゆでる。
2 皮を取りのぞき、すり鉢ですりつぶしたら、湯を加えてとろとろになるまでのばす。

- 献立はあくまでサンプルです。赤ちゃんの成長や発達に合わせて無理なく進めましょう。
- 赤ちゃんが食物アレルギーの診断を受けている、または疑いのある場合は必ず医師と相談の上進めてください。

14日目

〈初期〉

5、6カ月ごろ（前半）

## 10倍がゆ
### 小さじ3〜5

▶P28

## すりつぶしほうれん草
### 小さじ1

**材料**

- ほうれん草（葉先）…2g（小1枚）
- 湯…小さじ1程度（※1）

**作り方**

1 小鍋に湯を沸かし、細かくちぎったほうれん草を入れやわらかくなるまでゆでる。
2 さっと水にさらして水気をしぼり、すり鉢に入れてすりつぶしたら湯を加えてとろとろになるまでのばす。

※1 ほうれん草のゆで汁はアクが出るので使わず、ゆでる前の湯をとっておきます。

〈初期〉
5、6カ月ごろ（前半）

## 10倍がゆ
小さじ3～5

▶P28

+

## すりつぶしブロッコリー
小さじ1

**材料**
- ブロッコリー（花蕾部分）…2g（1/2房分）
- ゆで汁…小さじ1程度

**作り方**
1. 小鍋に湯を沸かし、ブロッコリーを入れてやわらかくなるまでゆでる。
2. すり鉢に入れてすりつぶし、ゆで汁を加えてとろとろになるまでのばす。

- 献立はあくまでサンプルです。赤ちゃんの成長や発達に合わせて無理なく進めましょう。
- 赤ちゃんが食物アレルギーの診断を受けている、または疑いのある場合は必ず医師と相談の上進めてください。

〈初期〉
5、6カ月ごろ（前半）

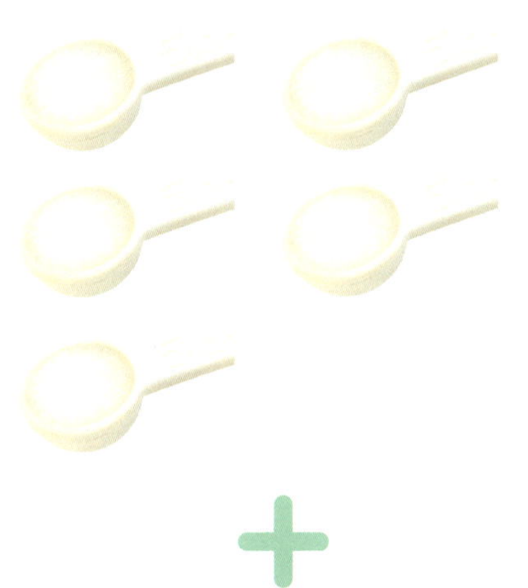

## 10倍がゆ
### 小さじ3〜5

▶P28

## すりつぶしキャベツ
### 小さじ1

**材料**

- キャベツ（葉の部分）…3g（3㎝大）
- ゆで汁…小さじ1/2程度

**作り方**

1 小鍋に湯を沸かし、小さくちぎったキャベツを入れやわらかくなるまでゆでる。
2 すり鉢に入れてすりつぶし、ゆで汁を加えとろとろになるまでのばす。

20日目

〈初期〉
5、6カ月ごろ（前半）

1回食



## 10倍がゆ
小さじ3〜5

▶P28

## すりつぶし豆腐
小さじ1/2

※小さじ1/2スプーン

**材料**
- 豆腐（絹ごし）…1cm角
- 湯…小さじ1/3程度

**作り方**
1 耐熱容器に豆腐、水大さじ1を入れラップをかけてレンジで約20秒加熱する（またはゆでる）。
2 すり鉢に入れてすりつぶし、湯を加えとろとろになるまでのばす。

## すりつぶしにんじん
小さじ2

▶P31

●献立はあくまでサンプルです。赤ちゃんの成長や発達に合わせて無理なく進めましょう。
●赤ちゃんが食物アレルギーの診断を受けている、または疑いのある場合は必ず医師と相談の上進めてください。

〈初期〉
5、6カ月ごろ（前半） 1回食

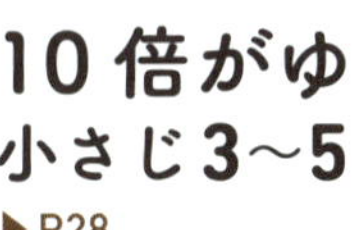

## 10倍がゆ
小さじ3～5

▶P28

## すりつぶし白身魚
小さじ1/2

※小さじ1/2スプーン

**材料**
- 白身魚（鯛、かれいなど。骨、皮を除く）…1cm角
- 湯…小さじ1/2程度（※1）

**作り方**
1 耐熱容器に白身魚、水大さじ1を入れラップをかけて電子レンジで約20秒加熱する。
2 すり鉢に入れてすりつぶし、湯を加えとろとろになるまでのばす。

※1 ゆで汁は臭みが出るので使いません。

## すりつぶしかぼちゃ
小さじ2

▶P32

24日目 25日目

〈初期〉
5、6カ月ごろ（前半）　1回食



## 10倍がゆ
### 小さじ4〜6
▶P28

## すりつぶししらす
### 小さじ1/2

※小さじ1/2スプーン

**材料**
- しらす干し…小さじ1/4
- 湯…小さじ1/2程度（※1）

**作り方**
1. 耐熱容器にしらす干し、水大さじ1を入れラップをかけて電子レンジで約20秒加熱する（またはゆでる）。
2. 水気を切ってすり鉢ですりつぶし、湯を加えとろとろになるまでのばす。

※1 ゆで汁は塩分があるので使いません。

## すりつぶしトマト
### 小さじ2
▶P33

- 献立はあくまでサンプルです。赤ちゃんの成長や発達に合わせて無理なく進めましょう。
- 赤ちゃんが食物アレルギーの診断を受けている、または疑いのある場合は必ず医師と相談の上進めてください。

# 26日目

〈初期〉
5、6カ月ごろ（前半）
1回食

## 10倍がゆ
小さじ4～6
▶P28

＋

## すりつぶし卵黄
小さじ1/8

卵

**材料（作りやすい分量）**
- 固ゆで卵黄…適量 ▶P27
- 湯…適量

**作り方**
1 固ゆで卵黄をすりつぶし、湯を加えてとろとろになるまでのばす。

＋

## すりつぶしほうれん草
小さじ2
▶P34

## 27日目

〈初期〉
5、6カ月ごろ（前半）

1回食

すりつぶし卵黄 卵
小さじ1/4
▶P40

＋

すりつぶし
ブロッコリー
小さじ2
▶P35

＋

10倍がゆ
小さじ4〜6
▶P28

## 28日目

〈初期〉
5、6カ月ごろ（前半）

1回食

すりつぶし卵黄 卵
小さじ1/2
▶P40

＋

すりつぶし
キャベツ
小さじ2
▶P36

＋

10倍がゆ
小さじ4〜6
▶P28

● 献立はあくまでサンプルです。赤ちゃんの成長や発達に合わせて無理なく進めましょう。
● 赤ちゃんが食物アレルギーの診断を受けている、または疑いのある場合は必ず医師と相談の上進めてください。

event recipe

# 5、6ヵ月ごろ(前半)のイベントレシピ

## 小松菜の3色パフェ

**材料**

- 小松菜ペースト…10g
- じゃがいもペースト…10g
- にんじんペースト…10g

**作り方**

1 小松菜ペースト、じゃがいもペースト、にんじんペーストを好きな順番に透明な容器に流し込む。

**ペーストの作り方**

小松菜　小松菜の葉の部分だけをやわらかくなるまでゆで、冷水にさらして水気を切る。みじん切りにしてすりつぶし、裏ごししたら湯を少しずつ加えてのばす。

じゃがいも　皮をむき、切ったじゃがいもをやわらかくゆでる。水気を切ってつぶし、だし汁を加えながらのばす。

にんじん　皮をむいて切ったにんじんをやわらかくゆで、すりつぶしたら野菜スープを加えてのばす。(にんじん15gに対して野菜スープ大さじ1)

手作り離乳食 by ninaru

3人に1人のママ・パパが使用している(※)人気の離乳食アプリ。740以上の初期〜後期レシピが掲載されており、時期別/食材別でも検索することができます。卵/小麦/牛乳など、主要なアレルギー食材を除いてのレシピ検索もOK。
赤ちゃんのお世話に慣れたころにやってくるのが離乳食。最近は市販のベビーフードも豊富だけど、可愛い我が子には愛情のたっぷり詰まった離乳食を手作りしてあげたいですよね。無料アプリ「手作り離乳食」は、簡単でおいしくて、種類も豊富なレシピで赤ちゃんとママが笑顔になる食卓をサポートします。
アプリ提供・問い合わせ:株式会社エバーセンス

(※)厚生労働省発表「人口動態統計」とiTunes ConnectおよびGoogle Play Consoleのアプリダウンロード数から算出。(2019年7月時点)

〈初期〉

# 5、6カ月ごろ（後半）

# 〈初期〉5、6カ月ごろ（後半）

## 慣れてきたら、中期に進む前に1日2回食を試してみます

初期後半も1日1回が基本です。中期から2回食になるので、食べられる量が増えてきたら中期に移行する少し前から2回食を試してみてもいいでしょう。2回目の離乳食は14時ごろか18時ごろのどちらか都合のよい方にします。2回食を始めたばかりのころは1回目の1/3くらいの量から始めると慣れやすいでしょう。

## この時期のタイムスケジュール例

| 時間 | 5 | 6 | 7 | 8 | 9 | 10 | 11 | 12 | 13 | 14 | 15 | 16 | 17 | 18 | 19 | 20 | 21 | 22 | 23 | 24 |
|---|---|---|---|---|---|---|---|---|---|---|---|---|---|---|---|---|---|---|---|---|
| 離乳食と母乳（ミルク） | | | | | | + | | 1日1回 | | | | | | 慣れてきたら2回目の離乳食を！ | | | | | | |

**献立は2日続けてもOK！**

献立はそのままマネすることができますが、毎日変えるのが大変なときや赤ちゃんがよく食べるレシピがあれば、同じ献立を2日続けてもかまいません。特にこの時期はまだ食べる練習という意味合いが大きいので、無理せず進めましょう。

1日目　　2日目　OK!

※1度に2回分以上を作るときは、冷凍保存しておきましょう。

## 1食分の目安量

この時期は主食、たんぱく質、野菜を組み合わせますが、量や栄養バランスより、食品ひとつずつの味を覚え、アレルギーなどを確認しながら試していくことを優先します。

### 炭水化物

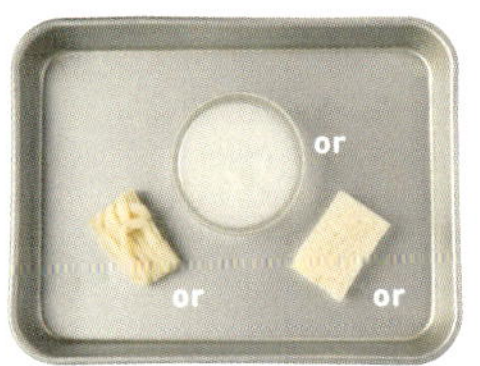


いずれか
- 10倍がゆなら　大さじ3〜4
- ゆでうどんなら　15g
（うどんがゆ：小さじ1からスタート）
- 食パン（8枚切り）なら　1/8〜1/4枚
（パンがゆ：小さじ1からスタート）

### ビタミン・ミネラル

野菜：合計10〜20g

いずれか
- にんじんなら　10gほど
- かぼちゃなら　10gほど
- ほうれん草なら　10gほど

＋ バナナなら　10gほど

### たんぱく質

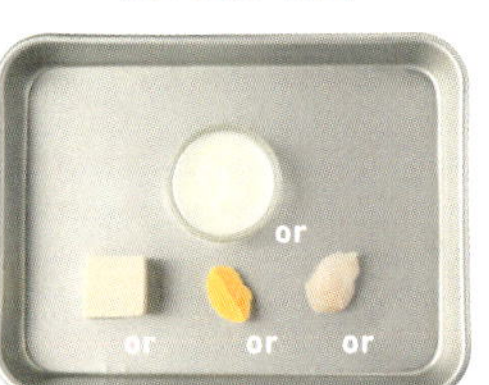


いずれか
- ヨーグルトなら　15gほど
- 豆腐なら　25gほど
- 卵黄なら　耳かき1杯分〜小さじ1ほど
- 白身魚なら　10gほど

※分量はあくまで目安です。個人差があるので量は調整してOKです。

## 食材の固さ

赤ちゃんが食べることに慣れてきたら、とろとろのポタージュ状からヨーグルト状へと少しずつ水分を減らしていきます。

## ヨーグルトについて

ヨーグルトは白身魚などに慣れてから。プレーンを選び、清潔なスプーンで取り出して開封後2日間を目安になるべく早く使います。

## 〈初期〉5、6カ月ごろ（後半）

# この時期の主食の作り方

おかゆに慣れてきたら、この時期からパンがゆ、そうめん、うどんなどを試してみてもOK。小麦アレルギーの心配があるので、最初は少量から与えます。

### 10倍がゆ

前半　　後半

**少しずつ水分を減らす**

最初はなめらかにすりつぶしていたおかゆですが、慣れてきたら少しずつ水分量を減らしてどろっとした状態にしていきましょう。また、慣れてきたら下記のように米粉で作る10倍がゆを試しても。

**米粉で簡単に10倍がゆが作れる！**

**材料（1食分）**

- 米粉…大さじ1/2
- 水…50㎖

**作り方**

1 小鍋に米粉と水を入れて弱火で加熱する。
2 1にとろみがつくまで、かき混ぜながら加熱する。

### パンがゆ

**材料（1食分）**

- 食パン（8枚切り）…1/8枚
- 水…大さじ3

※1食分で作ると焦げつきやすいので、まとめて作って冷凍保存しておくのがおすすめです。
※小さくちぎったパンを加熱し、すり鉢ですりつぶしても作ることができます。

1 食パンの耳を取り除き、凍らせたものをすりおろします。

2 小鍋に1と水を入れ、やわらかくなるまで加熱します。

**初期メニューの注意点**

だし汁は「昆布だし」をごく薄くして使用するか、野菜スープを使いましょう。

## そうめん

そうめんは乾燥した状態で細かく折り、小鍋でくたくたになるまでゆでます。

ザルや茶こしに入れ、水にさらし塩抜きしたら、裏ごしをします。水分が足りないようなら湯を足し、適度なやわらかさにしてペーストにします。

## うどん

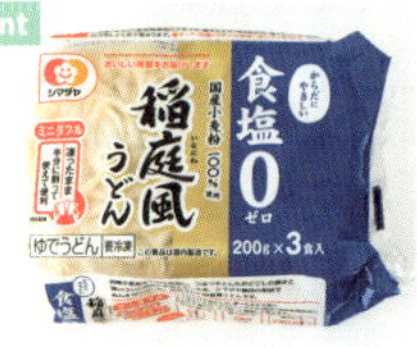


無塩のゆでうどんを選びます。乾麺は塩分が多く、冷凍麺はコシが強いので長めにゆで、よく水洗いしてから使いましょう。

細かく切ってやわらかくゆで、裏ごしするかすりつぶして湯でのばします（ゆでてから切ってもよい）。

## 離乳食のスタートが遅めの場合どうやって追いつけばいい？

離乳食を開始する時期は生後5、6カ月が推奨されており、2カ月の幅があります。本書では最も早い5カ月から開始した場合の献立例を掲載していますが、6カ月から始めた場合はずっと1カ月ずつ遅らせていくのかというと、そうではありません。赤ちゃんが食べ物を口の中でつぶせるようになった時期にはそれに合ったメニューを食べさせたいので、初期を短縮して追いつきます。P76、77の表を参考にしてください。

**6ヵ月からスタートした場合**

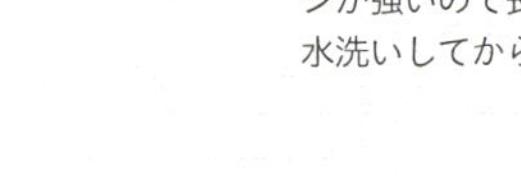


▶P76、77

## 1日目 〈初期〉 5、6カ月ごろ(後半) 1回食

### 豆腐のおかゆ

**材料**

- 10倍がゆ…大さじ3〜4
- だし汁…小さじ1
- 豆腐(絹ごし)…20g

**作り方**

1 豆腐を電子レンジで30秒ほど加熱して軽く水気を切り、すりつぶす。(※1)
2 1とだし汁を混ぜ合わせる。
3 10倍がゆに2をのせる。

※1 電子レンジで加熱するのは水を切るためなので、ラップは不要です。

### さつまいもペースト

**材料**

- さつまいも…15g
- 野菜スープ…大さじ1

**作り方**

1 さつまいもの皮を厚めにむいて、小さくカットし、水にさらす。
2 鍋に1のさつまいもと、さつまいもがかぶるくらいの水を入れてゆでる(電子レンジで加熱するかアルミホイルに包んで炊飯器に入れ、お米と一緒に炊いてやわらかくしても)。
3 やわらかくなったさつまいもを、すり鉢ですりつぶす。
4 3に野菜スープを入れてのばす。

### 野菜スープ

▶P17

〈初期〉

## 5、6カ月ごろ（後半）

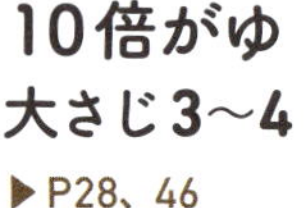

主食

### 10倍がゆ

大さじ3〜4

▶P28、46

### さつまいもミルク

**材料**

- さつまいもペースト… 15g
- 粉ミルク（調乳済のもの）… 大さじ2

**作り方**

1 さつまいもペーストと、調乳したミルクを混ぜ合わせる。

●献立はあくまでサンプルです。赤ちゃんの成長や発達に合わせて無理なく進めましょう。●赤ちゃんが食物アレルギーの診断を受けている、または疑いのある場合は必ず医師と相談の上進めてください。●レシピの食材は旬のものや自宅にあるものに置き換えてもかまいません（ただし、この時期に食べられる食材かどうかチェックしましょう）。

# 3日目 〈初期〉5、6カ月ごろ（後半）

1回食

主食

## キャベツしらすがゆ

**材料**

- 10倍がゆ …大さじ3～4
- キャベツペースト…5g
- しらすペースト…5g ▶P54

**作り方**

1 10倍がゆの上に、キャベツペースト、しらすペーストを盛り付ける。

**キャベツペーストの作り方**

キャベツの芯やスジを取り除き、ゆでる。やわらかくなったら取り出してみじん切りにする。すりつぶし、ゆで汁でのばす。

## じゃがいもペースト

副菜

**材料**

- じゃがいも…30g
- だし汁（昆布だし）…大さじ1

**作り方**

1 じゃがいもの皮をむき、5mm～1cmの角切りにする。
2 1とかぶるくらいの水を鍋に入れ、じゃがいもがやわらかくなるまでゆでる。（※1）
3 じゃがいもをザルに取り、すり鉢ですりつぶしたらだし汁を加えてのばす。

※1 じゃがいもを細かく切って、水を加えて電子レンジで加熱してもOKです。

〈初期〉

# 5、6カ月ごろ(後半)

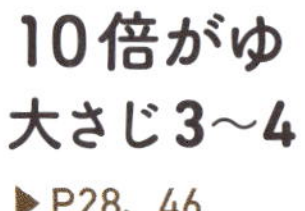

主食

## 10倍がゆ

大さじ3～4

▶P28、46

## じゃがいもと豆腐のスープ

主菜

**材料**

- 豆腐(絹ごし)…20g
- 玉ねぎ…5g
- だし汁(昆布だし)…20mℓ
- じゃがいもペースト…10g

**作り方**

1 豆腐と玉ねぎを鍋に入れ、かぶるくらいの水を入れて沸騰させる。
2 豆腐をザルに取り、すり鉢に移してすりつぶす。
3 玉ねぎがやわらかくなったらすり鉢に移してすりつぶす。
4 だし汁を鍋で温め、2、3、じゃがいもペーストを加え、混ぜながら沸騰させる。

副菜

## 玉ねぎペースト

**材料**

- 玉ねぎ…20g

**作り方**

1 玉ねぎはできるだけ薄切りにする。
2 鍋にたっぷりの水を入れて、1をじっくりと煮る。
3 くたくたにやわらかくなったら、玉ねぎを取り出しすり鉢ですりつぶす。

●献立はあくまでサンプルです。赤ちゃんの成長や発達に合わせて無理なく進めましょう。●赤ちゃんが食物アレルギーの診断を受けている、または疑いのある場合は必ず医師と相談の上進めてください。●レシピの食材は旬のものや自宅にあるものに置き換えてもかまいません(ただし、この時期に食べられる食材かどうかチェックしましょう)。

# 5日目

〈初期〉

## 5、6カ月ごろ（後半）

主食

### 10倍がゆ 大さじ3～4

▶P28、46

### にんじんと豆腐の白あえ

主菜

**材料**

- 豆腐（絹ごし）…20g
- にんじんペースト…15g ▶P61

**作り方**

1 豆腐はさっとゆでる、または電子レンジで30秒ほど加熱する。
2 1と、にんじんペーストをすり鉢に入れ、豆腐をつぶしながら混ぜる。

副菜

### バナナペースト

**材料**

- バナナ…5g
- 湯ざまし…5g

**作り方**

1 バナナを輪切りにして、フォークの背などでつぶす。またはすり鉢ですりつぶす。
2 湯ざましでのばす。

※与えはじめてからしばらくの期間は仕上げに電子レンジで20秒ほど加熱しましょう。

## 麸の和風がゆ

**材料**

- 焼き麸…1個
- 10倍がゆ …大さじ 3～4
- だし汁（昆布だし）… 大さじ1

**作り方**

1 麸は、おろし金ですりおろす。
2 10倍がゆに1とだし汁を加えて混ぜ合わせる。
3 2を耐熱容器に入れ、電子レンジで30秒ほど加熱する。

## かぼちゃバナナ

**材料**

- バナナ…5g
- かぼちゃペースト…15g ▶P60

**作り方**

1 耐熱容器に小さくカットしたバナナを入れ、電子レンジで20秒ほど加熱する。
2 1をフォークの背などでつぶし、またはすり鉢ですりつぶす。かぼちゃペーストと混ぜる。

●献立はあくまでサンプルです。赤ちゃんの成長や発達に合わせて無理なく進めましょう。●赤ちゃんが食物アレルギーの診断を受けている、または疑いのある場合は必ず医師と相談の上進めてください。●レシピの食材は旬のものや自宅にあるものに置き換えてもかまいません（ただし、この時期に食べられる食材かどうかチェックしましょう）。

# 7日目

〈初期〉

5、6カ月ごろ（後半）

1回食

## 基本のミルクがゆ

**材料**

- 10倍がゆ…大さじ3〜4
- 粉ミルク（調乳済のもの）…7mℓ

**作り方**

1 10倍がゆとミルクを小鍋に入れ、ひと煮立ちさせる。

## しらすペースト

主菜

**材料**

- しらす干し…5g
- お湯…適量

**作り方**

1 しらす干しをゆでる。
2 水気を切り、すり鉢で細かくすりつぶしたら、お湯でのばす。

## 白菜ペースト

副菜

**材料**

- 白菜…15g
- ゆで汁…適量

**作り方**

1 白菜は芯や固い部分を取り除き、ゆでる。
2 やわらかくなったら取り出し、みじん切りにする。
3 2を裏ごしして、水分が足りないようならゆで汁でのばす。

〈初期〉
## 5、6カ月ごろ（後半）

主食
### 10倍がゆ
大さじ3〜4

▶P28、46

### 白菜のしらすあえ

主菜

**材料**
- しらすペースト…10g
- 白菜ペースト…15g

**作り方**

1 白菜ペーストの上にしらすペーストをのせる。

● 献立はあくまでサンプルです。赤ちゃんの成長や発達に合わせて無理なく進めましょう。● 赤ちゃんが食物アレルギーの診断を受けている、または疑いのある場合は必ず医師と相談の上進めてください。● レシピの食材は旬のものや自宅にあるものに置き換えてもかまいません（ただし、この時期に食べられる食材かどうかチェックしましょう）。

## 9日目 〈初期〉5、6カ月ごろ（後半） 1回食

### ミルクパンがゆ

**材料**

- 食パン（冷凍/8枚切り）…1/8枚
- 粉ミルク（調乳済のもの）…20㎖

**作り方**

1 凍ったままの食パンをおろし金ですりおろす。
2 鍋に1とミルクを混ぜてひと煮立ちさせ全体をふやかす。

### 鯛ペースト

**材料**

- 鯛（刺身）…1切れ（10g）
- 湯 …適量

**作り方**

1 鯛をゆでる。
2 1をすりつぶし、湯を入れてなめらかにする。

### トマトとじゃがいものサラダ

**材料**

- じゃがいも…10g
- トマトペースト…15g

**作り方**

1 じゃがいもの皮をむき、小さく切ってゆで、すり鉢ですりつぶす（電子レンジで加熱してやわらかくしたり、アルミホイルに包んで炊飯器に入れ、お米と一緒に炊いても）。
2 1とトマトペーストを混ぜる。

**トマトペーストの作り方**

トマトのおしり側に十文字に浅く切り込みを入れゆで、皮がめくれてきたら鍋から取り出し、冷水に浸して皮をむき、種を取り除く。すり鉢ですりつぶすか、ブレンダーやミキサーでペースト状にする。

# 10日目

〈初期〉
5、6カ月ごろ（後半）

## じゃがいもとミルクのパンがゆ

**材料**

- 食パン（8枚切り）…1/8枚
- じゃがいもペースト…15g ▶P50
- 粉ミルク（調乳済のもの）…30mℓ

**作り方**

1 食パンの耳を除き、細かく切る。
2 ミルクを鍋であたためる。
3 すり鉢に1のパンを入れ、2を少しずつ足しながらすりつぶし、パンがとろとろになるまで、ミルクとなじませる。
4 3にじゃがいもペーストを混ぜる。

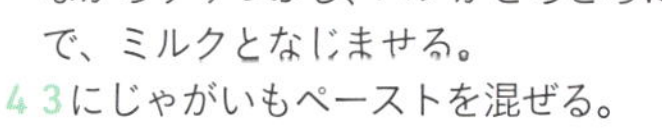

## 鯛のトマトあえ

**材料**

- 鯛ペースト…15g
- 玉ねぎ…10g
- トマト…10g

**作り方**

1 玉ねぎはゆで、みじん切りしてすりつぶす。
2 トマトは湯むきして種を取り除き、すりつぶす。
3 1と2、鯛ペーストをあえる。

※トマトはトマトペーストを使っても。

主菜

●献立はあくまでサンプルです。赤ちゃんの成長や発達に合わせて無理なく進めましょう。●赤ちゃんが食物アレルギーの診断を受けている、または疑いのある場合は必ず医師と相談の上進めてください。●レシピの食材は旬のものや自宅にあるものに置き換えてもかまいません（ただし、この時期に食べられる食材かどうかチェックしましょう）。

# 11日目

〈初期〉
5、6カ月ごろ（後半）

1回食

主食

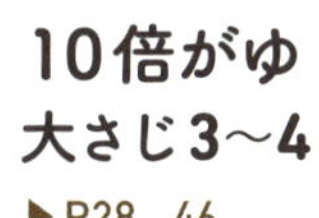

## 10倍がゆ
**大さじ3〜4**

▶P28、46

## とうもろこしペースト

副菜

**材料**
- とうもろこし…15g
- 湯…適量

**作り方**
1 とうもろこしはやわらかくゆで、すりつぶす。
2 茶こしなどで裏ごしして湯でのばす。（※1）

※1 裏ごす際に、薄皮が一緒に取れます。

副菜

## ブロッコリーペースト

**材料**
- ブロッコリー…15g（花蕾（からい）部分）
- 湯…適量

**作り方**
1 ブロッコリーをやわらかくゆでる。（※1）
2 1をみじん切りして、すりつぶす。
3 茶こしなどで裏ごししてお湯でのばす。

※1 耐熱容器にブロッコリーと少量の水をいれてラップをかけ、電子レンジで2分ほど加熱してもよい。

# 〈初期〉5、6カ月ごろ（後半）

## 10倍がゆ
**大さじ3～4**

▶P28、46

## とうもろこしの豆腐あえ

**材料**

- 豆腐（絹ごし）… 20g
- とうもろこしペースト …15g

**作り方**

1 豆腐はキッチンペーパーに包み、水気を切って、電子レンジで30秒ほど加熱する。
2 1ととうもろこしペーストをあえる。

## 大根ペースト

**材料**

- 大根（すりおろし）…5g

**作り方**

1 耐熱容器に大根を入れ、電子レンジで20秒ほど加熱する。

●献立はあくまでサンプルです。赤ちゃんの成長や発達に合わせて無理なく進めましょう。●赤ちゃんが食物アレルギーの診断を受けている、または疑いのある場合は必ず医師と相談の上進めてください。●レシピの食材は旬のものや自宅にあるものに置き換えてもかまいません（ただし、この時期に食べられる食材かどうかチェックしましょう）。

〈初期〉

# 5、6カ月ごろ（後半）

1回食

## 大根のおかゆ

**材料**

- 10倍がゆ…大さじ3〜4
- 大根ペースト…10g ▶P59
- だし汁（昆布だし）…大さじ2

**作り方**

1 鍋に10倍がゆ、大根ペースト、だし汁を入れてひと煮立ちさせる。

## たらのペースト

**材料**

- たら…10g
- 湯…適量

**作り方**

1 たらをゆで、身をほぐし、骨があれば取り除く。
2 1をすりつぶし、湯を入れてのばす。

副菜

## かぼちゃペースト

**材料**

- かぼちゃ…15g
- 野菜スープ…大さじ1

**作り方**

1 かぼちゃの種と皮を除き、小さく切ってゆでる（シリコンスチーマーを使って電子レンジでやわらかくしたり、アルミホイルに包んで炊飯器に入れ、お米と一緒に炊いても）。
2 やわらかくなったかぼちゃを、すり鉢ですりつぶす。
3 2に野菜スープを入れてのばす。

〈初期〉

# 5、6カ月ごろ（後半）

## 10倍がゆ

大さじ3～4

▶P28、46

## 大根とたらのみぞれ煮

### 材料

- たら…10g
- 大根ペースト…10g ▶P59
- だし汁（昆布だし）… 大さじ2

### 作り方

1. たらを耐熱皿に入れ水大さじ1をかけて、ラップをかけ電子レンジで20～30秒加熱し、身をほぐして裏ごしする。
2. 器に1と大根ペースト、だし汁を入れてよく混ぜ合わせる。

副菜

## にんじんペースト

### 材料

- にんじん…15g
- 野菜スープ …大さじ1

### 作り方

1. にんじんの皮をむき、小さく切ってゆでる。
2. やわらかくなったにんじんを、すり鉢ですりつぶす。
3. 2に野菜スープを入れてのばす。

●献立はあくまでサンプルです。赤ちゃんの成長や発達に合わせて無理なく進めましょう。●赤ちゃんが食物アレルギーの診断を受けている、または疑いのある場合は必ず医師と相談の上進めてください。●レシピの食材は旬のものや自宅にあるものに置き換えてもかまいません（ただし、この時期に食べられる食材かどうかチェックしましょう）。

# 〈初期〉 5、6カ月ごろ（後半）

2回食

慣れてきたら
2回目にトライ！

## 1回目

### そうめんペースト

**材料**

- そうめん…5g
- 湯…適量

**作り方**

1 そうめんは乾燥した状態で細かく折る。
2 1をくたくたになるまでゆでる。
3 2をザルや茶こしに入れ、水にさらして塩抜きをする。
4 水気を切って裏ごしをする。
5 水分が足りないようなら湯を足し、適度なやわらかさにする。

### 鯛と野菜のスープ煮

**材料**

- にんじん…10g
- 鯛ペースト…10g ▶P56
- 野菜スープ…30mℓ

**作り方**

1 にんじんをやわらかくゆでる。
2 1をすりおろす。
3 小鍋に2と鯛ペースト、野菜スープを入れ、ひと煮立ちさせる。

## 2回目

主食

### 大根のおかゆ

▶P60

主菜　乳製品

### しらすのクリーム煮

**材料**

- 粉ミルク（調乳済のもの）…10g
- しらすペースト…10g ▶P54
- 片栗粉…適量

**作り方**

1 ミルクとしらすペースト、水で溶いた片栗粉を混ぜ合わせる。
2 1を電子レンジで20〜30秒程度加熱する。

副菜

### 小松菜ペースト

**材料**

- 小松菜…15g
- 湯…適量

**作り方**

1 小松菜の葉の部分だけをゆでる。
2 やわらかくなったら取り出し、冷水にさらして水気を切る。
3 2をみじん切りにして、すりつぶし、裏ごしする。
4 3に湯を少しずつ加えて、のばす。

# 16日目

〈初期〉
5、6カ月ごろ（後半） 2回食



## 1回目

### そうめんペースト

▶P62

### 鯛とにんじんのペースト

**材料**

- 鯛ペースト… 10g ▶P56
- にんじんペースト… 10g ▶P61

**作り方**

1 すべての材料を混ぜ合わせる。

### インゲンペースト

**材料**

- インゲン… 15g
- 湯…適量

**作り方**

1 インゲンにすじがあれば取り除く。
2 1の両端を切り落とし、やわらかくゆでて冷水にさらす。
3 2を細かくみじん切りにし、すりつぶして裏ごしをする。
4 3を湯でのばす。

## 2回目

主食

### 10倍がゆ
大さじ3〜4

▶P28、46

### 小松菜とミルクのとろとろ

**材料**

- 玉ねぎ…10g
- 小松菜ペースト…10g
- 粉ミルク（調乳済のもの）…5g

**作り方**

1 玉ねぎを薄切りにする。
2 鍋に1を入れ、やわらかくなるまでゆでて、すりつぶす。
3 2と小松菜ペースト、ミルクを混ぜ合わせる。

●献立はあくまでサンプルです。赤ちゃんの成長や発達に合わせて無理なく進めましょう。●赤ちゃんが食物アレルギーの診断を受けている、または疑いのある場合は必ず医師と相談の上進めてください。●レシピの食材は旬のものや自宅にあるものに置き換えてもかまいません（ただし、この時期に食べられる食材かどうかチェックしましょう）。

# 17日目

〈初期〉
5、6カ月ごろ（後半） 2回食

## 1回目

主食

### 10倍がゆ
大さじ3〜4
▶P28、46

主菜

### 玉ねぎと白身魚のクリーム煮

**材料**
- 白身魚…5g
- 小松菜…10g
- 玉ねぎペースト…15g▶P51
- 野菜スープ…15mℓ
- 豆乳（無調整）…10mℓ
- 片栗粉…適量

**作り方**
1 白身魚はゆでてすりつぶす。
2 小松菜をやわらかくゆで、細かくきざんで裏ごしする。
3 鍋に1と2と玉ねぎペースト、野菜スープを入れて煮こむ。
4 3に豆乳を加えて、沸騰させないように煮る。
5 4に水で溶いた片栗粉を入れ、とろみをつける。

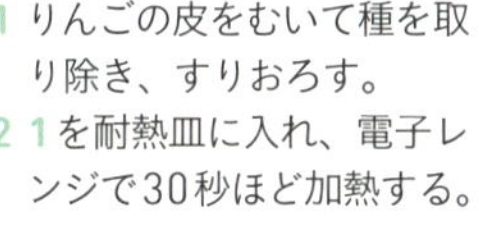
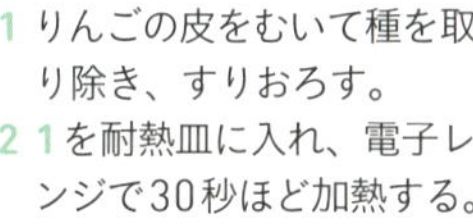
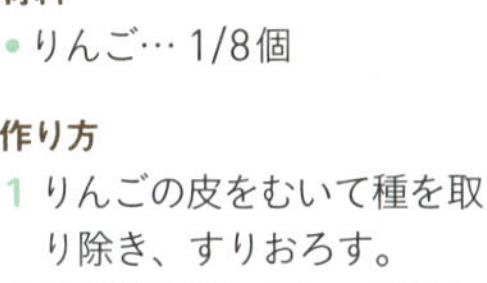

副菜

### すりおろしりんご

**材料**
- りんご… 1/8個

**作り方**
1 りんごの皮をむいて種を取り除き、すりおろす。
2 1を耐熱皿に入れ、電子レンジで30秒ほど加熱する。

## 2回目

主食

### 10倍がゆ
大さじ3〜4
▶P28、46

主菜

### インゲン豆腐

**材料**
- 豆腐（絹ごし）…15g
- インゲンペースト…10g▶P63

**作り方**
1 豆腐を耐熱容器に入れ、電子レンジで30秒ほど加熱し、すりつぶす。
2 1とインゲンペーストを混ぜ合わせる。

副菜

### トマトとにんじんのスープ

**材料**
- トマトペースト…15g▶P56
- にんじんペースト…15g▶P61
- 野菜スープ…10mℓ

**作り方**
1 トマトペーストとにんじんペーストを混ぜる。
2 野菜スープでのばす。

# 18日目

〈初期〉
5、6カ月ごろ（後半）

## 1回目

主食 小麦

### 麩のおかゆ りんご味

**材料**
- 10倍がゆ…大さじ3〜4
- 焼き麩…2個
- りんご…1/8個

**作り方**
1. 麩はおろし金ですりおろす。
2. りんごは皮をむいて種を取り除き、すりおろす。
3. 1と2を耐熱皿に入れて、電子レンジで約30秒加熱する。
4. 3とおかゆを混ぜる

主菜 卵

### 卵黄ペースト

**材料**
- 固ゆで卵黄 ▶P27 …小さじ1/2
- 湯…小さじ1/2程度

**作り方**
1. 固ゆで卵黄をすり鉢に入れてすりつぶし、湯を加えとろとろにのばす。

副菜 乳製品

### 玉ねぎのポタージュスープ

**材料**
- じゃがいも…10g
- にんじん…10g
- 玉ねぎペースト…10g ▶P51
- 粉ミルク（調乳済のもの）…20mℓ

**作り方**
1. じゃがいも、にんじんは小さく切ってゆでて、なめらかにすりつぶす。
2. 小鍋に、1と玉ねぎペースト、ミルクを入れて、ひと煮立ちさせる。

## 2回目

主食 小麦

### そうめんのしらすあえ

**材料**
- しらす干し…3g
- そうめんペースト…15g ▶P62

**作り方**
1. しらす干しはゆでて、塩抜きをしてすりつぶす。
2. そうめんペーストの上に1をのせる。

副菜

### なすとトマトとにんじんのとろとろ

**材料**
- なすペースト…5g
- トマトペースト…5g ▶P56
- にんじんペースト…5g ▶P61

**作り方**
1. なすペースト、トマトペースト、にんじんペーストをバランスよく盛りつける。

**なすペーストの作り方**

なすの皮をむき、ゆでやすい大きさに切ったら水に10分ほどつけてアクを抜く。柔らかくなるまでゆで、すり鉢やブレンダーなどを使ってすりつぶす。

● 献立はあくまでサンプルです。赤ちゃんの成長や発達に合わせて無理なく進めましょう。● 赤ちゃんが食物アレルギーの診断を受けている、または疑いのある場合は必ず医師と相談の上進めてください。● レシピの食材は旬のものや自宅にあるものに置き換えてもかまいません（ただし、この時期に食べられる食材かどうかチェックしましょう）。

〈初期〉

# 5、6カ月ごろ（後半）

2回食

## 1回目

### しらすがゆ

**材料**

- 10倍がゆ…大さじ3〜4
- しらすペースト…5g ▶P54

**作り方**

1 10倍がゆにしらすペーストをのせる。

### ほうれん草のりんごあえ

**材料**

- ほうれん草ペースト…15g
- りんご…10g

**作り方**

1 りんごをすりおろす。
2 1とほうれん草ペーストを混ぜる。

### かぶのペースト

**材料**

- かぶ…10g

**作り方**

1 かぶは皮をむき、適当な大きさに切る。
2 鍋で1をやわらかくなるまで煮る。
3 2をすり鉢ですりつぶす。
4 3を裏ごし器で裏ごしする。

**ほうれん草ペーストの作り方**
沸騰したお湯に根元からほうれん草を入れて柔らかくゆで、すぐに冷水にさらしたら軽く水気を切る。細かくカットしてすりつぶし、茶こしなどで裏ごしをしたら、お湯でなめらかにのばす。

## 2回目

主食

### 10倍がゆ 大さじ3〜4

▶P28、46

### 高野豆腐とかぼちゃのとろとろあえ

**材料**

- かぼちゃ…15g
- 高野豆腐ペースト…20g
- だし汁（昆布だし）…大さじ3

**高野豆腐ペーストの作り方**
高野豆腐（3g）をおろし金ですりおろし、小鍋でだし汁（70mℓ）と一緒に中火で煮る。高野豆腐が膨らんできたら火を止める。

**作り方**

1 かぼちゃの種とわたをスプーンで取り除き、5mm程度の角切りにする。
2 1と水を耐熱皿に入れラップをして、電子レンジで40〜50秒加熱する。
3 2のかぼちゃがやわらかくなったら、すり鉢に入れてすりつぶす。
4 3に高野豆腐ペースト、だし汁を加える。
5 すり鉢で全体がとろとろになるまですりつぶしながらよく混ぜる。

# 20日目

〈初期〉
5、6カ月ごろ（後半）　2回食



## 1回目

主食　小麦　乳製品

### みかんのパンがゆ

**材料**

- みかん…10g
- 食パン（8枚切）…1/4枚
- 水…50mℓ
- 粉ミルク…2g

**作り方**

1 みかんの薄皮をむき、実をすり鉢ですりつぶす。
2 食パンは耳を切り落とし、細かくちぎっておく。
3 小鍋に水を入れて沸騰させ、1と2を入れてひと煮立ちさせる。
4 食パンがとろとろになったら火を止めて、ミルクを加えてよく混ぜ合わせすりつぶす。

主菜

### さつまいものポタージュ トマト風味

**材料**

- さつまいもペースト…5g ▶P48
- 豆乳（無調整）…大さじ2
- トマトペースト…10g ▶P56

**作り方**

1 材料をすべて合わせて、ミキサーやブレンダーなどでかき混ぜる。
2 小鍋に1を入れて、ひと煮立ちさせる。

## 2回目

主食

### 10倍がゆ 大さじ3〜4

▶P28、46

主菜

### かぶと高野豆腐のとろとろ

**材料**

- 高野豆腐…5g
- かぶのペースト…10g
- だし汁（昆布だし）…大さじ2

**作り方**

1 高野豆腐はおろし金ですりおろす。
2 小鍋に1、かぶのペースト、だし汁を入れてひと煮立ちさせる。

●献立はあくまでサンプルです。赤ちゃんの成長や発達に合わせて無理なく進めましょう。●赤ちゃんが食物アレルギーの診断を受けている、または疑いのある場合は必ず医師と相談の上進めてください。●レシピの食材は旬のものや自宅にあるものに置き換えてもかまいません（ただし、この時期に食べられる食材かどうかチェックしましょう）。

# 21日目

〈初期〉

## 5、6カ月ごろ(後半)　2回食

1回目

主食

### 10倍がゆ

大さじ3～4

▶P28、46

主菜　乳製品

### かぼちゃヨーグルト

**材料**

- かぼちゃペースト…15g ▶P60
- ヨーグルト(無糖)…15g

**作り方**

1 かぼちゃペーストとヨーグルトを混ぜる。

2回目

主食

### 10倍がゆ

大さじ3～4

▶P28、46

主菜

### ほうれん草と鯛のうま煮

**材料**

- ほうれん草ペースト…15g ▶P66
- 鯛…15g
- だし汁(昆布だし)…15mℓ

**作り方**

1 鯛を鍋や電子レンジで加熱し、身をほぐし、すり鉢ですりつぶす。
2 ほうれん草ペーストにだし汁と1を混ぜ合わせる。

副菜

### レタスペースト

**材料**(3～4食分/レタスの葉の大きさによる)

- レタス…1枚
- 水…適量

**作り方**

1 レタスのやわらかい葉先部分をやわらかくゆでる。
2 1の粗熱を取り、小さくちぎったら、水を加えてミキサーやブレンダーでかくはんするかすりつぶす。

# 〈初期〉5、6カ月ごろ(後半)　2回食

主食　小麦　乳製品

## ほうれん草のパンがゆ

**材料**

- 食パン(8枚切り)…1/4枚
- 粉ミルク(調乳済のもの)…50mℓ
- ほうれん草ペースト…10g ▶P66

**作り方**

1. 食パンの耳を除いたやわらかい部分を、細かくちぎる。
2. 1とミルク、ほうれん草ペーストをブレンダーでかくはんするか、すりつぶす。
3. 2を小鍋に移し、沸騰させないようにひと煮立ちさせる。

## ヨーグルトとたらのあえもの

**材料**

- たら…10g
- トマトペースト…10g ▶P56
- ヨーグルト(無糖)…10g

**作り方**

1. たらをゆで、骨と皮を取り除き、すり鉢でつぶす。
2. 1にトマトペーストを加える。
3. 2とヨーグルトをあえる。

2回目

主食　卵

## 卵黄のせがゆ

**材料**

- 10倍がゆ…大さじ2
- 固ゆで卵黄 ▶P27 …小さじ1/2
- 湯…小さじ1/2程度

**作り方**

1. 固ゆで卵黄をすり鉢に入れてすりつぶし、湯を加えとろとろにのばす。
2. 器に10倍がゆを盛り1をのせる。

## レタスとさつまいものクリーム煮

**材料**

- さつまいも…10g
- レタスペースト…小さじ2
- 粉ミルク(調乳済のもの)…40mℓ

**作り方**

1. さつまいもは皮をむいてやわらかくゆで、つぶす。
2. 小鍋に1、レタスペースト、ミルクを入れて、ひと煮立ちさせる。

副菜

## ぶどうのとろとろジュレ

**材料**

- ぶどう果汁…20mℓ
- 片栗粉…適量

**作り方**

1. ぶどうは皮をむいてつぶし、茶こしなどで果汁をしぼり出す。
2. 片栗粉を3倍量の水で溶いておく。
3. 小鍋に1と2を入れ、加熱しながら混ぜ、とろみがついたら火を止める。

●献立はあくまでサンプルです。赤ちゃんの成長や発達に合わせて無理なく進めましょう。●赤ちゃんが食物アレルギーの診断を受けている、または疑いのある場合は必ず医師と相談の上進めてください。●レシピの食材は旬のものや自宅にあるものに置き換えてもかまいません(ただし、この時期に食べられる食材かどうかチェックしましょう)。

# 23日目

〈初期〉

5、6カ月ごろ（後半）　2回食

## 1回目

主食

### 10倍がゆ

大さじ3〜4

▶P28、46

主菜　乳製品

### きなこミルクスープ

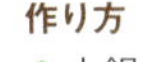

**材料**

- にんじんペースト…10g ▶P61
- 粉ミルク（調乳済のもの）…20mℓ
- きなこ…少々

**作り方**

1 小鍋ににんじんペーストとミルクを入れ、火にかけてひと煮立ちさせる。
2 1を器に盛り、食べる直前にきなこをかける。

## 2回目

主食　小麦

### 麩の和風がゆ

**材料**

- 焼き麩…1個
- 10倍がゆ…大さじ3〜4
- だし汁（昆布だし）…大さじ1

**作り方**

1 麩は、おろし金ですりおろす。
2 10倍がゆに1とだし汁を加えて混ぜ合わせる。
3 2を耐熱容器に入れ、電子レンジで30秒ほど加熱する。

主菜

### 豆乳とブロッコリーのスープ

**材料**

- ブロッコリー（花蕾部分）…5g
- 玉ねぎ…5g
- 豆乳（無調整）…20mℓ

**作り方**

1 ブロッコリーと玉ねぎをやわらかくゆでる。
2 1をみじん切りにして、すりつぶす。
3 小鍋に2と豆乳を入れ、ひと煮立ちさせる。

# 24日目

〈初期〉
## 5、6カ月ごろ（後半）　2回食

### 1回目

### バナナパンがゆ

**材料**
- バナナペースト…20g ▶P52
- 食パン（8枚切り）…1/4枚

**作り方**
1. 食パンは耳を切り落とし、細かくちぎる。
2. 耐熱皿にバナナペーストと1を入れて電子レンジで30秒〜40秒加熱し、すりつぶす。

### 白菜とにんじんのミルク煮

**材料**
- にんじん…10g
- 白菜ペースト…15g ▶P54
- 粉ミルク（調乳済のもの）…30mℓ
- 水溶き片栗粉…適量

**作り方**
1. にんじんはやわらかくゆでて、すりつぶす。
2. 小鍋に1と白菜ペースト、ミルクを加えてひと煮立ちさせる。
3. 2に水溶き片栗粉を加え、とろみをつける。

### 2回目

主食

### 10倍がゆ 大さじ3〜4

▶P28、46

### ブロッコリーのきなこあえ

**材料**
- ブロッコリーペースト…15g ▶P58
- きなこ…3g
- 豆乳（無調整）…小さじ2

**作り方**
1. ブロッコリーペーストときなこ、加熱した豆乳をよく混ぜる。

### 豆腐のクリームスープ

**材料**
- 豆腐（絹ごし）…20g
- 粉ミルク（調乳済のもの）…大さじ1
- 野菜スープ…大さじ1
- 片栗粉…小さじ1/3

**作り方**
1. 豆腐をすりつぶす。
2. 1にミルクを混ぜる。
3. 2を電子レンジで1分ほど加熱する。
4. 3を鍋に入れ火にかけ、野菜スープで溶いた片栗粉を加えて加熱する。

● 献立はあくまでサンプルです。赤ちゃんの成長や発達に合わせて無理なく進めましょう。● 赤ちゃんが食物アレルギーの診断を受けている、または疑いのある場合は必ず医師と相談の上進めてください。● レシピの食材は旬のものや自宅にあるものに置き換えてもかまいません（ただし、この時期に食べられる食材かどうかチェックしましょう）。

# 25日目

〈初期〉

5、6カ月ごろ（後半）

## 1回目

### コーンフレークにんじんがゆ

**材料**

- にんじん…10g
- コーンフレークペースト…15g

**作り方**

1 にんじんは皮をむき、やわらかくゆでて裏ごしする。
2 コーンフレークペーストに1を加え、よく混ぜ合わせる。

**コーンフレークペーストの作り方**

コーンフレーク（無糖・5g）を細かく砕き、調乳した粉ミルク（15mℓ）を混ぜ、電子レンジで30秒ほど加熱する。粗熱がとれたら、全体をすりつぶす。

### ブロッコリーとさつまいもの豆乳スープ

**材料**

- ブロッコリーペースト…15g ▶P58
- さつまいもペースト…15g ▶P48
- 豆乳（無調整）…15g

**作り方**

1 ブロッコリーペーストとさつまいもペースト、あたためた豆乳を混ぜ合わせる。

## 2回目

### そうめん入り野菜ミルクがゆ

**材料**

- そうめんペースト…10g ▶P62
- 粉ミルク（調乳済のもの）…10mℓ
- かぼちゃペースト…10g ▶P60
- ほうれん草ペースト…10g ▶P66

**作り方**

1 すべての材料を混ぜ合わせる。

### かれいペースト

**材料**

- かれい…10g
- 湯…適量

**作り方**

1 かれいをゆでる。
2 1をほぐし、骨があれば取り除く。
3 2をすりつぶし、湯を入れてなめらかにする。

# 26日目

〈初期〉
5、6カ月ごろ（後半）　2回食



1回目

主食　乳製品

## コーンフレークと白身魚のおかゆ

**材料**
- 白身魚…5g
- コーンフレークペースト…15g

**作り方**
1 白身魚はゆでて、骨と皮を取り除いてすりつぶす。
2 コーンフレークペーストに1を加え、よく混ぜ合わせる。

主菜

## 豆乳かぼちゃスープ

**材料**
- かぼちゃ…10g
- 豆乳（無調整）…20mℓ

**作り方**
1 かぼちゃはやわらかくゆでて、すりつぶす。
2 1と豆乳を小鍋に入れ、ひと煮立ちさせる。

2回目

主食

## 10倍がゆ 大さじ3～4

▶P28、46

主菜

## かれいのトマトあえ

**材料**
- トマト…10g
- かれいペースト…10g

**作り方**
1 トマトを湯むきし、種を取り除き、すりつぶす。
2 1とかれいペーストをあえる。

副菜

## キャベツスープ

**材料**
- キャベツペースト…5g ▶P50
- だし汁（昆布だし）…15mℓ
- 片栗粉…適量

**作り方**
1 小鍋にキャベツペースト、だし汁を加えてひと煮立ちさせる。
2 1に水溶き片栗粉を加え、とろみをつける。

●献立はあくまでサンプルです。赤ちゃんの成長や発達に合わせて無理なく進めましょう。●赤ちゃんが食物アレルギーの診断を受けている、または疑いのある場合は必ず医師と相談の上進めてください。●レシピの食材は旬のものや自宅にあるものに置き換えてもかまいません（ただし、この時期に食べられる食材かどうかチェックしましょう）。

# 27日目

〈初期〉

5、6カ月ごろ（後半）　2回食

## 1回目

主食

### きゅうりのおかゆ

**材料**

- 10倍がゆ…大さじ3〜4
- だし汁（昆布だし）…大さじ2
- きゅうりペースト…5g

**作り方**

1 耐熱皿に10倍がゆとだし汁を入れて、電子レンジで20秒加熱する。

2 1の上にきゅうりペーストをのせる。

**きゅうりペーストの作り方**

皮をむき、すりおろしたきゅうりを耐熱皿に入れ、ラップをかけて電子レンジで約20秒加熱する。

### 枝豆ペースト

**材料**

- 枝豆…20g
- 湯…適量

**作り方**

1 枝豆をやわらかくゆで、さやから出し、薄皮を取り除く。

2 1をすりつぶす。

3 2に湯を加え、ペースト状にのばす。

### さつまいもの野菜スープ煮

**材料**

- さつまいも…30g
- 野菜スープ…30mℓ
- 片栗粉…適量

**作り方**

1 さつまいもをゆでて、皮を取り除き、裏ごしする。

2 耐熱容器に、1、野菜スープ、片栗粉を入れて混ぜ合わせ、電子レンジで1分程度加熱する。

## 2回目

### オートミールの裏ごし

**材料**

- オートミール…5g
- 水…50〜80mℓ

**作り方**

1 耐熱皿にオートミールを入れ、水を加える。

2 1にラップをかけ、電子レンジで約2分加熱する。

3 スプーンでかき混ぜたら、裏ごし器で裏ごしする。

### かれい入り野菜スープ

**材料**

- だし汁（昆布だし）…30mℓ
- にんじん…5g
- 玉ねぎ…5g
- かれいペースト…5g ▶ P72
- 片栗粉…適量

**作り方**

1 小鍋にだし汁を入れ、にんじんと玉ねぎをすりおろして加えひと煮立ちさせる。

2 1にかれいペーストを加えて煮込む。

3 2に水溶き片栗粉を加え、ひと煮立ちさせる。

# 28日目

〈初期〉
5、6カ月ごろ（後半）　2回食

## 1回目

主菜　小麦　乳製品

副菜

主食　小麦

### きゅうりうどん

**材料**
- うどん…15g
- きゅうりペースト… 大さじ1
- だし汁（昆布だし）… 大さじ2

**作り方**
1 鍋にお湯を沸かし、うどんをやわらかくゆでる。
2 1を細かく切って、裏ごしする。
3 2ときゅうりペースト、だし汁を合わせてよく混ぜる。

### 麩のミルク煮

**材料**
- 焼き麩 …2個
- 粉ミルク（調乳済のもの）…大さじ2

**作り方**
1 麩はおろし金ですりおろす。
2 1とミルクを耐熱容器に入れ、電子レンジで20～30秒加熱する。

### モロヘイヤペースト

**材料**
- モロヘイヤ…3g
- だし汁（昆布だし）…5mℓ

**作り方**
1 モロヘイヤの葉の部分をつまみ取る。
2 小鍋にお湯を沸かし、1をやわらかくなるまでゆでる。
3 2をすり鉢ですりつぶし、裏ごし器で裏ごしする。
4 3をだし汁でのばす。

## 2回目

主食

主菜

### オートミールかぼちゃ

**材料**
- オートミール…5g
- 水…50～80mℓ
- かぼちゃペースト …5g ▶P60

**作り方**
1 耐熱皿に全ての材料を入れる。
2 1にラップをかけ、電子レンジで約2分加熱する。
3 スプーンでよく混ぜ、すりつぶす。

### 枝豆と高野豆腐のとろとろ煮

**材料**
- 高野豆腐…5g
- 枝豆ペースト …10g
- だし汁（昆布だし）…50mℓ

**作り方**
1 高野豆腐はおろし金ですりおろす。
2 小鍋に1、枝豆ペースト、だし汁を入れひと煮立ちさせる。

● 献立はあくまでサンプルです。赤ちゃんの成長や発達に合わせて無理なく進めましょう。● 赤ちゃんが食物アレルギーの診断を受けている、または疑いのある場合は必ず医師と相談の上進めてください。● レシピの食材は旬のものや自宅にあるものに置き換えてもかまいません（ただし、この時期に食べられる食材かどうかチェックしましょう）。

6カ月からスタートした場合の
# 1カ月短縮カレンダー

| 1日目 | 2日目 | 3日目 | 4日目 |
| --- | --- | --- | --- |
| ・10倍がゆ 小さじ1 ▶P28 | ・10倍がゆ 小さじ2 | ・10倍がゆ 小さじ2～4<br>・にんじん 小さじ1 ▶P31 | ・10倍がゆ 小さじ2～4<br>・にんじん 小さじ2 ▶P31 |
| **8日目** | **9日目** | **10日目** | **11日目** |
| ・10倍がゆ 小さじ3～5<br>・トマト小さじ1<br>・じゃがいも 小さじ1 ▶P50 | ・10倍がゆ 小さじ3～5<br>・ほうれん草 小さじ1 ▶P34<br>・じゃがいも 小さじ1 | ・10倍がゆ 小さじ3～5<br>・ほうれん草 小さじ1<br>・さつまいも 小さじ1 ▶P48 | ・10倍がゆ 小さじ3～5<br>・ブロッコリー 小さじ1 ▶P35<br>・さつまいも 小さじ1 |
| **15日目** | **16日目** | **17日目** | **18日目** |
| ・10倍がゆ 小さじ3～5<br>・豆腐 小さじ1<br>・白菜 小さじ1 ▶P54<br>・にんじん 小さじ1 | ・10倍がゆ 小さじ3～5<br>・白身魚 小さじ1/2 ▶P38<br>・白菜 小さじ2<br>・にんじん 小さじ1 | ・10倍がゆ 小さじ3～5<br>・白身魚 小さじ1<br>・大根 小さじ1 ▶P59<br>・かぼちゃ 小さじ1 | ・10倍がゆ 小さじ4～6<br>・しらす 小さじ1/2 ▶P39<br>・大根 小さじ2<br>・かぼちゃ 小さじ1 |
| **22日目** | **23日目** | **24日目** | **25日目** |
| ・10倍がゆ 小さじ4～6<br>・卵黄 小さじ1/2<br>・小松菜 小さじ2 | ・キャベツしらすがゆ ▶P50<br>・さつまいもミルク ▶P49 | ・ミルクパンがゆ ▶P56<br>・鯛のトマトあえ ▶P57 | 1回目<br>・ほうれん草のパンがゆ ▶P69<br>・インゲン豆腐 ▶P64<br>2回目<br>・卵黄のせがゆ ▶P69<br>・レタスとさつまいものクリーム煮 ▶P69 |

「6カ月から離乳食をスタートしたら、5カ月スタートの赤ちゃんにはどう追いつけばいいの？」と悩む声がよく聞かれます。そこで、ここでは6カ月から始めた場合の進め方の目安を紹介します。個人差があるので、赤ちゃんの食べ具合を見て無理なく進めましょう。

| 5日目 | 6日目 | 7日目 |
|---|---|---|
| ・10倍がゆ 小さじ2～4<br>・かぼちゃ 小さじ1 ▶P32 | ・10倍がゆ 小さじ2～4<br>・かぼちゃ 小さじ2 | ・10倍がゆ 小さじ3～5<br>・トマト小さじ1 ▶P33 |
| **12日目** | **13日目** | **14日目** |
| ・10倍がゆ 小さじ3～5<br>・ブロッコリー 小さじ1<br>・キャベツ 小さじ1 ▶P36 | ・10倍がゆ 小さじ3～5<br>・キャベツ 小さじ1<br>・玉ねぎ 小さじ1 ▶P51 | ・10倍がゆ 小さじ3～5<br>・豆腐 小さじ1/2 ▶P37<br>・玉ねぎ 小さじ2 |
| **19日目** | **20日目** | **21日目** |
| ・10倍がゆ 小さじ4～6<br>・しらす 小さじ1<br>・かぶ 小さじ1 ▶P66<br>・トマト 小さじ1 | ・10倍がゆ 小さじ4～6<br>・卵黄 耳かき1杯分 ▶P27<br>・かぶ 小さじ2<br>・トマト 小さじ1 | ・10倍がゆ 小さじ4～6<br>・卵黄 小さじ1/4<br>・小松菜 小さじ1 ▶P62 |
| **26日目** | **27日目** | **28日目** |
| 1回目<br>・麩の和風がゆ ▶P53<br>・にんじんと豆腐の白あえ ▶P52<br>2回目<br>・きゅうりのおかゆ ▶P74<br>・枝豆ペースト ▶P74 | 1回目<br>・そうめんペースト ▶P62<br>・かぼちゃヨーグルト ▶P68<br>2回目<br>・10倍がゆ 大さじ3～5<br>・鯛とにんじんのペースト ▶P63 | 1回目<br>・10倍がゆ 大さじ3～5<br>・ヨーグルトとたらのあえもの ▶P69<br>・キャベツスープ ▶P73<br>2回目<br>・オートミールの裏ごし ▶P74<br>・ほうれん草のりんごあえ ▶P66 |

# 5、6カ月ごろ(後半)のイベントレシピ

## ひな祭り10倍がゆ

**材料**

- 10倍がゆ…40g
- トマトペースト…10g ▶P56
- 粉ミルク(調乳済のもの)…少量
- キャベツペースト…5g ▶P50

**作り方**

1. 器に10倍がゆを盛りつける。
2. トマトペーストとミルクを混ぜ合わせ、桃色にする。
3. 1に2をのせ、竹串などを使って、桃の花びらの形を描く。
4. 3のあいているスペースにキャベツペーストをのせる。

## クリスマスツリーの10倍がゆ

**材料**

- 10倍がゆ…30g
- キャベツペースト…5g
- トマトペースト…少量

**作り方**

1. 10倍がゆを器に盛りつける。
2. 1の上にキャベツペーストをもみの木の形になるようにのせる。
3. 2の上にトマトペーストを飾りつける。

## トマトとほうれん草のクリスマス10倍がゆ

**材料**

- 10倍がゆ…30g
- トマトペースト…10g
- ほうれん草ペースト…5g ▶P66

**作り方**

1. 10倍がゆを器に盛りつける。
2. 1の上にトマトペーストをのせ、楊枝で星の形にととのえる。
3. 2のまわりにほうれん草ペーストを飾りつける。

＼モグモグ／

# 〈中期〉
# 7、8カ月ごろ（前半）

**中期へのステップアップの目安**

- □ ヨーグルト程度の固さのものが飲み込める
- □ 1回に大さじ3程度の量を食べられる
- □ 2回目の離乳食をイヤがらない

# 〈中期〉7、8カ月ごろ（前半）

## 食事のリズムができて<br>1日2回食が基本になります

1日2回食になります。2回目の離乳食は14時ごろか18時ごろのどちらか都合のよい時間帯にしましょう。母乳・育児用ミルクは離乳食後を含めて5回程度（母乳は＋1〜2回になることも）与えます。

### この時期のタイムスケジュール例

※2回目は14時ごろか18時ごろに。

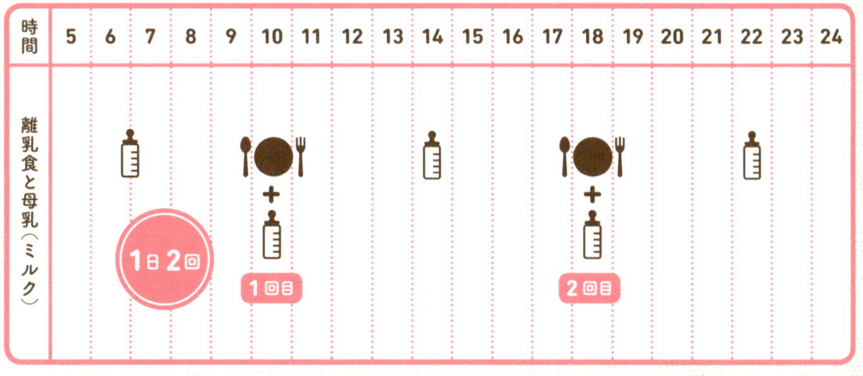


### 食べさせ方

赤ちゃんの腰がすわったらベビーチェアを用意しましょう。地面か足置きに足をつかせて、ベルトなどで固定します。大人は正面に座り、声をかけながら食べさせます。

### 飲み物について

少しずつ<br>コップで飲む練習を

お茶を飲ませる場合は麦茶などノンカフェインのものを選びます。水出しではなく煮沸し、ごく薄く作りましょう。このころから少しずつコップで飲む練習をするのも◯。

## 1食分の目安量

1回の食事で三つの栄養素のグループがそろっているか意識しましょう。赤ちゃんの食べ具合によって炭水化物とビタミン・ミネラルはある程度臨機応変にしてもかまいませんが、たんぱく質は赤ちゃんの体に負担をかけないようなるべく量を守りましょう。

### 炭水化物

いずれか
- 7倍がゆなら　50g（〜5倍がゆ70g）
- ゆでうどんなら　35g
- 食パン（8枚切り）なら　15g

### ビタミン・ミネラル

野菜：合計20〜30g＋果物15g

いずれか

|  | |  |
|---|---|---|
| にんじんなら　20g | ＋ | バナナなら　15g |
| かぼちゃなら　20g | | りんごなら　15g |
| ほうれん草なら　20g | | みかんなら　15g |

### たんぱく質

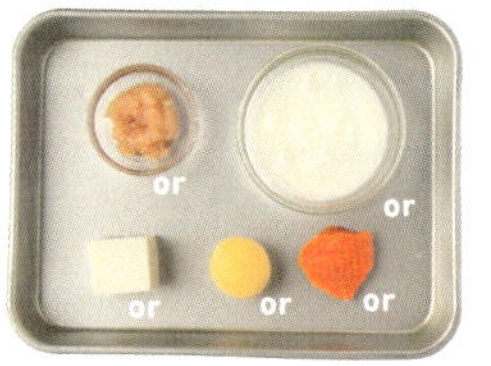

いずれか
- 肉（鶏むねひき肉など）なら　10g
- 魚（鮭など）なら　10g
- 豆腐なら　30g
- 卵黄なら　1個分
- ヨーグルトなら　50g

※分量はあくまで目安です。個人差があるので量は調整してOKです。

## 食材の固さ

赤ちゃんが舌と上あごでつぶせる、絹ごし豆腐くらいの固さが目安です。食材の形が少し残る程度につぶしましょう。

## 味つけ

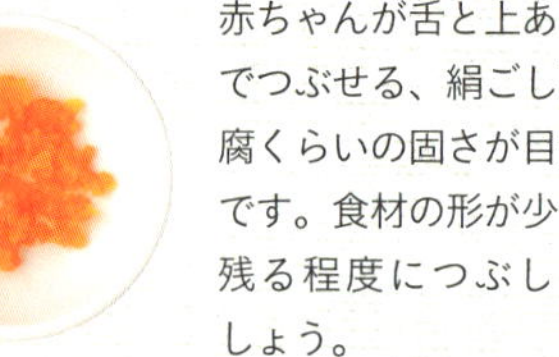
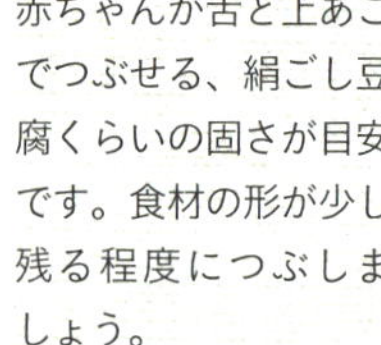
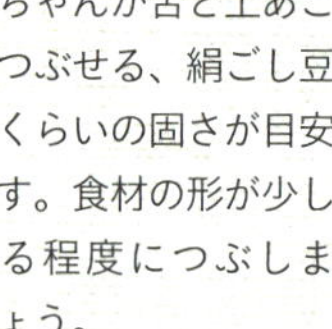


だし汁と野菜スープ（P17）でうまみを足します。調味料は使わず、素材の味を体験させてあげましょう。

**献立は2週間ずつ繰り返します**
中期前半の献立は2週間分を掲載しています。1カ月で2週間ずつサイクルするか、2日ずつ続けてもOKです。

# この時期の主食の作り方

ペーストメニューから少しずつ料理らしくなってくるこの時期。主食もおかゆは7倍がゆになり、パン・麺類のほかにマカロニやオートミールも使えます。

## 7倍がゆ

**材料（作りやすい量／約150g分）**

- 炊いたご飯…60g
- 水…200㎖

**作り方**

1 小鍋にご飯と水を入れて強火にかけ、煮立ったら弱火にしてフタをして15～20分ほど加熱する。

2 ふっくらしたら火を止め、フタをして15～20分ほど蒸らす。

3 粗熱がとれたら、すり鉢でつぶす。

**Point**

＊焦げつかないよう、少しずつ底から混ぜながら加熱しましょう。

＊電子レンジを使う場合は、ふんわりとラップをかけ、途中で数回取り出して混ぜながら約10分加熱します。そのまま20分ほど蒸らして、すりつぶしましょう。

＊1週間分くらいをまとめて作って、小分け容器などに入れて冷凍するのがおすすめです。

**米から作る場合は▶P29**
（米：水＝1：7）

## そうめん

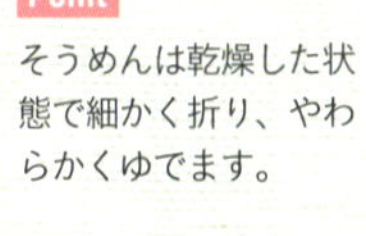

**Point**

そうめんは乾燥した状態で細かく折り、やわらかくゆでます。

**Point**

ゆで上がったらザルに入れてよく洗い、塩気を抜きます。

## うどん

Point
初期ではすりつぶしていたうどんですが、中期ではやわらかくゆでたあと2〜5㎜程度にきざんで与えます。

Point
多めに下ごしらえをして、1回分ずつラップで包んで冷凍保存しておくと便利です。

## パンがゆ

Point
耳を取り除いた食パンを手で細かくちぎり、小鍋に入れます。

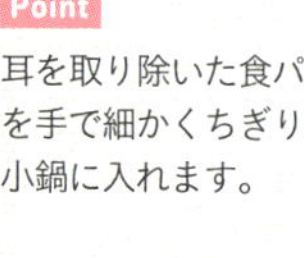

Point
水や調乳した育児用ミルク、牛乳などを加えて煮ます。つぶすように混ぜてかゆ状にします。

## マカロニ

Point
うどんやそうめんに慣れてから。塩は加えずやわらかくなるまでゆでます。早ゆでタイプのものを選べば短時間でやわらかくなります。

Point
ゆで上がったら2〜5㎜くらいの大きさにきざみます。とろみのある汁や具材と混ぜ合わせると食べやすくなります。

## オートミール

Point
オートミールは燕麦(えんばく)をひきわりにしてあるので細かく砕かずに使えます。湯や湯ざましをかけてふやかしてから料理に使います。

オートミールの裏ごし▶P74

# 1日目

〈中期〉
7、8カ月ごろ（前半）　2回食

## 1回目

### ほうれん草と豆腐のおかゆ

**材料**
- 豆腐（絹ごし）…10g
- ほうれん草ペースト…10g ▶P66
- だし汁…5g
- 7倍がゆ…50g

**作り方**
1 豆腐をお湯でゆでて、すり鉢でつぶす。
2 1とほうれん草ペースト、だし汁を混ぜ、7倍がゆの上にのせる。

### 玉ねぎのくたくた煮

**材料**（2食分）
- 玉ねぎ…40g
- だし汁…150mℓ

**作り方**
1 玉ねぎは2mm程度の角切りにする。
2 鍋に1とだし汁を入れてやわらかく煮る。

## 2回目

主食　小麦

### パンがゆ

**材料**
- 食パン（8枚切り）…1/3枚
- 水…大さじ3

**作り方**
1 耐熱容器に1cm角に切った食パンと水を入れ、ふんわりラップをかけ、電子レンジで約1分加熱し混ぜる。

主菜　乳製品

### ブロッコリー入りシチュー

**材料**
- さつまいも…10g
- にんじん…10g
- 玉ねぎ…10g
- ブロッコリー…10g
- 牛乳…45mℓ
- 片栗粉…小さじ1/2

**作り方**
1 さつまいも、にんじん、玉ねぎは2〜3mm角のみじん切りにしてゆでる。
2 ブロッコリーは小房に分けてやわらかくゆでて、花蕾の部分をみじん切りする。
3 鍋に1と2、牛乳、片栗粉を混ぜ弱火で煮こむ。

## 〈中期〉 7、8カ月ごろ（前半） 2回食

### 卵黄のせがゆ

**材料**

- 固ゆで卵黄…1個分 ▶P27
- 7倍がゆ…50g

**作り方**

1 固ゆで卵黄を小さいザルで裏ごしする。
2 器に7倍がゆを盛り1をのせる。

副菜

### バナナとキャベツのあえもの

**材料**

- バナナ…15g
- キャベツ…10g

**作り方**

1 バナナをフォークの背などですりつぶす。
2 キャベツをゆでてすりつぶす。
3 1と2をあえる。

2回目

主食

### 7倍がゆ 50g

▶P82

### 玉ねぎと豆腐のスープ

**材料**

- 玉ねぎ…10g
- ほうれん草…10g
- にんじん…10g
- 豆腐（絹ごし）…20g
- だし汁…30mℓ

**作り方**

1 玉ねぎ、ほうれん草、にんじんをゆで、2〜3mm角にみじん切りしておく。
2 豆腐は5mm角に切る。
3 鍋に1と2とだし汁を入れ、ひと煮立ちさせる。

### トマトとモロヘイヤのあえもの

**材料**

- トマト…20g
- モロヘイヤペースト…5g ▶P75

**作り方**

1 トマトは湯むきして種を取り除き、すりつぶす。
2 1とモロヘイヤペーストを混ぜ合わせる。

●献立はあくまでサンプルです。赤ちゃんの成長や発達に合わせて無理なく進めましょう。●赤ちゃんが食物アレルギーの診断を受けている、または疑いのある場合は必ず医師と相談の上進めてください。●レシピの食材は旬のものや自宅にあるものに置き換えてもかまいません（ただし、この時期に食べられる食材かどうかチェックしましょう）。

# 3日目

〈中期〉
7、8カ月ごろ（前半）

2回食

1回目

## 7倍がゆ
50g

▶P82

## 大根とにんじんの豆腐あんかけ

**材料**

- 大根…10g
- にんじん…10g
- 豆腐（絹ごし）…20g
- だし汁…大さじ2
- 片栗粉…適量

※1 水溶き片栗粉は、片栗粉小さじ1に水大さじ1を入れてよくかき混ぜて作りましょう。

**作り方**

1 大根とにんじんの皮をむき、みじん切りにする。
2 豆腐を5㎜程度に角切りする。
3 鍋に1を入れ、水をひたひたに入れて、やわらかくなるまで煮る。
4 3に2とだし汁を加えて、さらに煮こむ。
5 煮立ったら、水溶き片栗粉を加えて、とろみをつける（※1）。

2回目

## かぼちゃ入りミルクがゆ

**材料**

- かぼちゃ…15g
- 7倍がゆ…50g
- 粉ミルク（調乳済のもの）…30㎖

**作り方**

1 かぼちゃは皮をむき、3㎜程度の大きさに切る。
2 1を耐熱容器に入れ、ラップをかけて電子レンジで2分ほど加熱する。
3 2に7倍がゆとミルクを混ぜて、ひと煮立ちさせる。

## かれいのほうれん草ソース添え

**材料**

- かれい…15g
- ほうれん草…10g
- だし汁…20㎖
- 片栗粉…適量

**作り方**

1 かれいはゆでてほぐす。
2 ほうれん草はやわらかくゆでて、細かくみじん切りにする。
3 鍋にだし汁と2を入れてひと煮立ちさせ、水溶き片栗粉を加えてとろみをつける。
4 皿に1を乗せ、上から3をかける。

〈中期〉

# 7、8カ月ごろ(前半) 2回食

1回目

## モロヘイヤと納豆のおかゆ

**材料**

- 納豆(ひき割り)…10g
- モロヘイヤペースト…3g ▶P75
- 7倍がゆ…50g

**作り方**

1 納豆は熱湯をかけて粘りを取り、すりつぶす。
2 1とモロヘイヤペーストを混ぜ合わせる。
3 7倍がゆの上に、2をのせる。

## 梨と麩のとろとろ煮

**材料**

- 焼き麩…2個
- 梨…1/8個
- だし汁…30mℓ

**作り方**

1 麩は手で細かくちぎる。
2 梨は皮をむいて芯と種を取り除き、すりおろす。
3 小鍋に1、2、だし汁を入れ、とろとろになるまで煮る。

2回目

主食

## 7倍がゆ

**50g**

▶P82

## かれい入りさつまいもマッシュ

**材料**

- さつまいも…20g
- 小松菜…10g
- かれい…10g

**作り方**

1 さつまいもはゆでて、なめらかにマッシュする。
2 小松菜はゆでて、細かくみじん切りにする。
3 かれいはゆでてほぐす。
4 1、2、3を混ぜ合わせる。



●献立はあくまでサンプルです。赤ちゃんの成長や発達に合わせて無理なく進めましょう。●赤ちゃんが食物アレルギーの診断を受けている、または疑いのある場合は必ず医師と相談の上進めてください。●レシピの食材は旬のものや自宅にあるものに置き換えてもかまいません(ただし、この時期に食べられる食材かどうかチェックしましょう)。

〈中期〉

# 7、8カ月ごろ（前半）

2回食

## 1回目

### 納豆がゆ

**材料**

- 7倍がゆ…50g
- 納豆（ひき割り）…10g
- 水…20mℓ
- だし汁…大さじ1

**作り方**

1 鍋に水と納豆を入れ、納豆がふやけてやわらかくなるまで煮て、すり鉢でつぶす。
2 1にだし汁を加えてのばし、7倍がゆに混ぜる。

### ほうれん草と麩のくたくた煮

**材料**

- ほうれん草…15g
- だし汁…15mℓ
- 焼き麩…1個

**作り方**

1 ほうれん草はやわらかくゆでて、2〜3mm程度にカットしておく。
2 麩をすりおろす。
3 小鍋にだし汁、1、2を入れて煮立たせる。

## 2回目

### 7倍がゆ

50g

▶P82

### インゲンと白身魚のミルク煮

**材料**

- インゲン…10g
- にんじん…10g
- 白身魚…10g
- 牛乳…50mℓ
- 片栗粉…適量

**作り方**

1 インゲンは、やわらかくゆでてみじん切りにする。
2 にんじんは、皮をむいてやわらかくゆでてみじん切りにする。
3 白身魚はラップをかけて電子レンジで30秒程度加熱し、ほぐす。
4 鍋に1、2、3、牛乳を入れ、ひと煮立ちさせる。
5 4に水溶き片栗粉を加えてとろみをつける。

# 〈中期〉7、8カ月ごろ（前半）

2回食

## 1回目

### のり入りおかゆ

**材料**

- 焼きのり…1/8枚
- 7倍がゆ…50g

**作り方**

1 のりを細かくちぎる。
2 1と7倍がゆを混ぜ合わせる

### にんじん納豆あえ

**材料**

- にんじん…20g
- 納豆（ひき割り）…大さじ1
- だし汁…大さじ1

**作り方**

1 にんじんの皮をむき、小さく切ってゆでる（シリコンスチーマーを使って電子レンジでやわらかくしたり、アルミホイルに包んで炊飯器に入れ、お米と一緒に炊いても）。
2 納豆は、茶こしやザルに入れ、湯通しして粘りを取る。
3 1と2を混ぜ、だし汁であえる。

## 2回目

### パンがゆ

▶P84

### 鯛入りかぼちゃマッシュ

**材料**

- 鯛（刺身）…1切れ
- 玉ねぎ…10g
- かぼちゃ…20g

**作り方**

1 鯛はゆでて、身をほぐす。
2 玉ねぎはやわらかくゆで、みじん切りにする。
3 かぼちゃはやわらかくゆで、つぶす。
4 1、2、3を混ぜ合わせる。



●献立はあくまでサンプルです。赤ちゃんの成長や発達に合わせて無理なく進めましょう。●赤ちゃんが食物アレルギーの診断を受けている、または疑いのある場合は必ず医師と相談の上進めてください。●レシピの食材は旬のものや自宅にあるものに置き換えてもかまいません（ただし、この時期に食べられる食材かどうかチェックしましょう）。

# 7日目

2回食

## 1回目

### ほうれん草とにんじんのにゅうめん

**材料**

- ほうれん草…10g
- にんじん…10g
- そうめん…15g
- だし汁…30mℓ

**作り方**

1 ほうれん草とにんじんは、2〜3㎜程度にカットし、やわらかくゆでる。
2 そうめんは乾燥した状態で1㎝長さに折っておく。
3 2をやわらかくゆで、流水でよく洗い塩気を抜く。
4 だし汁に3を入れ、1を上にのせる。

### 鶏ささみペースト

**材料**

- 鶏ささみ…10g
- だし汁…15g

**作り方**

1 鶏ささみのすじを取る。
2 小鍋でお湯を沸かして1を入れ、やわらかくゆでる。
3 火が通ったら取り出し、細かくきざむ。
4 3をすりつぶし、だし汁を加えてなめらかにする。

## 2回目

### 7倍がゆ 50g

▶P82

主菜

### 鯛とじゃがいもの青のり風味

**材料**

- 鯛（刺身）…1切れ
- じゃがいも…20g
- にんじん…10g
- だし汁…10mℓ
- 青のり…適量

**作り方**

1 鯛はやわらかくゆで、身をほぐす。
2 じゃがいもはやわらかくゆで、マッシュする。
3 にんじんはやわらかくゆで、みじん切りにする。
4 1、2、3とだし汁を混ぜ合わせる。
5 4に青のりをふりかける。

# 8日目

〈中期〉
7、8カ月ごろ（前半）　2回食

## 1回目

主食　小麦

### パンがゆ

▶P84

主菜

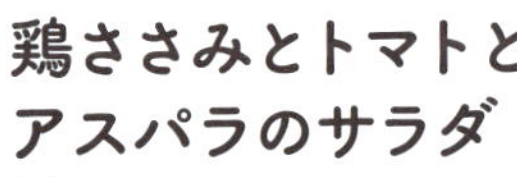

### 鶏ささみとトマトとアスパラのサラダ

**材料**

- トマト…20g
- アスパラガス（穂先）…5g
- 鶏ささみペースト…10g

**作り方**

1 トマトは湯むきして種を取り除き、みじん切りにする。
2 アスパラはやわらかくゆでて、2～3㎜にカットする。
3 1、2と鶏ささみペーストを混ぜ合わせる。

## 2回目

主食

### 7倍がゆ 50g

▶P82

主菜

### にんじんと高野豆腐の煮物

**材料**

- 高野豆腐…5g
- 大根…10g
- にんじん…10g
- だし汁…50㎖

**作り方**

1 高野豆腐をおろし金ですりおろす。
2 にんじんと大根はみじん切りにする。
3 鍋に、1と2、だし汁、かぶる位の水を入れ、にんじんと大根がやわらかくなるまで、煮る。



●献立はあくまでサンプルです。赤ちゃんの成長や発達に合わせて無理なく進めましょう。●赤ちゃんが食物アレルギーの診断を受けている、または疑いのある場合は必ず医師と相談の上進めてください。●レシピの食材は旬のものや自宅にあるものに置き換えてもかまいません（ただし、この時期に食べられる食材かどうかチェックしましょう）。

〈中期〉
# 7、8カ月ごろ（前半） 2回食

1回目

## 鶏ささみとマカロニのクリーム煮

**材料**
- マカロニ…15g
- ほうれん草…10g
- にんじん…10g
- 鶏ささみペースト…10g ▶ P90
- 粉ミルク（調乳済のもの）…30mℓ
- 片栗粉…適量

**作り方**
1 マカロニ、ほうれん草、にんじんをやわらかくゆで、みじん切りにする。
2 小鍋に1と鶏ささみペースト、ミルクを入れてひと煮立ちさせる。
3 2に水溶き片栗粉を入れ、とろみをつける。

## キウイジュース

**材料**
- キウイフルーツ…15g

**作り方**
1 キウイは皮をむき、中央の白いすじと種を取り除き、裏ごしする。
2 1を電子レンジで20〜30秒加熱する。

2回目

## 納豆おろしうどん

**材料**
- うどん…30g
- 納豆（ひき割り）…10g
- 大根（※1）…30g
- だし汁…30mℓ

**作り方**
1 うどんをはやわらかくゆでて、みじん切りにする。
2 納豆をザルか茶こしに入れ、さっと湯をかけて粘りを取る。
3 大根は皮をむいてすりおろし、ザルに入れ、ザルごと鍋に入れてさっとゆでる。
4 1のうどんの上に2と3を盛りつけ、だし汁をかける。

※1 大根は根っこになるほど辛いので、なるべく首の部分を使用しましょう。

## レタスと豆腐の和風あんかけ

**材料**
- レタス（葉先のやわらかい部分）…1/2枚
- 豆腐（絹ごし）…20g
- だし汁…適量（材料がひたひたになるくらい）
- 片栗粉…少々

**作り方**
1 レタスは細かくちぎる。
2 豆腐はつぶす。
3 1、2、だし汁を小鍋に入れ、弱火で加熱する。
4 3に水溶き片栗粉を加えて加熱し、全体にとろみをつける。

# 10日目

〈中期〉
7、8カ月ごろ（前半）　2回食

## 1回目

**主食**

### 7倍がゆ
50g

▶P82

**主菜**

### のりとほうれん草とひらめのあえもの

**材料**

- ひらめ（刺身）…1切れ
- 焼きのり…1/8枚
- ほうれん草…20g
- だし汁…10ml

**作り方**

1. ひらめはさっとゆでて、細かくほぐす。
2. のりは細かくちぎっておく。
3. ほうれん草はやわらかくゆで、みじん切りにする。
4. 1、2、3、だし汁を混ぜ合わせる。

**副菜**

### きなこバナナ

**材料**

- バナナ…15g
- きなこ…2g

**作り方**

1. バナナをみじん切りにし、スプーンの背などでつぶす。
2. 1ときなこを混ぜ合わせる。

## 2回目

**主食**

### 7倍がゆ
50g

▶P82

**主菜**

### レタスと鶏ささみのスープ

**材料**

- レタス（葉先のやわらかい部分）…1/2枚
- じゃがいも…10g
- にんじん…10g
- 鶏ささみ…10g
- 野菜スープ…50ml
- 片栗粉…適量

**作り方**

1. レタスは細かくちぎっておく。
2. じゃがいも、にんじんは5mm角に切る。
3. 鶏ささみは耐熱容器に片栗粉少々をまぶして入れ、水小さじ1をかけてレンジで30秒ほど加熱し、細かくほぐす。
4. 鍋に野菜スープを入れ、1、2、3を加えてやわらかく煮こむ。
5. 4に水溶き片栗粉を加えてとろみをつける。

●献立はあくまでサンプルです。赤ちゃんの成長や発達に合わせて無理なく進めましょう。●赤ちゃんが食物アレルギーの診断を受けている、または疑いのある場合は必ず医師と相談の上進めてください。●レシピの食材は旬のものや自宅にあるものに置き換えてもかまいません（ただし、この時期に食べられる食材かどうかチェックしましょう）。

# 11日目

〈中期〉
7、8カ月ごろ（前半） 2回食

## 1回目

主食

### バナナオートミールがゆ

**材料**

- バナナ…20g
- オートミール…10g
- 豆乳（無調整）…100mℓ

**作り方**

1 バナナを5mm程度に角切りする。
2 鍋に1、オートミール、豆乳を加えて弱火で煮る（※1）。

※1 豆乳は沸騰すると分離してしまうので、火加減に注意しましょう。

主菜 乳製品

### ヨーグルトのサラダ

**材料**

- きゅうり…5g
- にんじん…5g
- ブロッコリー（花蕾部分）…5g
- かぼちゃ…10g
- ヨーグルト（無糖）…30g

**作り方**

1 きゅうり、にんじん、ブロッコリー、かぼちゃをやわらかくゆでて水気を切り、みじん切りにする。
2 1とヨーグルトをあえる。

## 2回目

主食

### 7倍がゆ 50g

▶P82

主菜

### しらすとねぎ納豆のあえもの

**材料**

- 納豆（ひき割り）…20g
- 玉ねぎ…10g
- しらすペースト…5g ▶P54

**作り方**

1 納豆は茶こしに入れ、粘りを取るため熱湯をかける。
2 薄切りにした玉ねぎと水大さじ1を耐熱容器に入れ、ラップをかけレンジで1分ほど加熱し、みじん切りにする。
3 1と2、しらすペーストを混ぜる。

副菜

### レンコンとほうれん草のとろとろ

**材料**

- ほうれん草…5g
- だし汁…20mℓ
- レンコンペースト…15g（左記）

**作り方**

1 ほうれん草はやわらかくゆでて、細かくみじん切りにする。
2 鍋にだし汁、1、レンコンペーストを入れ、ひと煮立ちさせる。

**レンコンペーストの作り方**

レンコンは皮をむき水にさらしてアクを抜く。水からやわらかくなるまでゆでたらすりおろし、だし汁でのばす。

# 12日目

〈中期〉
## 7、8カ月ごろ（前半）　2回食

1回目

主食

### ブロッコリーのチキンライス

**材料**
- ブロッコリー…10g
- にんじん…10g
- ほうれん草…10g
- 鶏ささみ…5g
- トマトジュース（無塩）…30mℓ
- 7倍がゆ…60g

**作り方**
1. ブロッコリー、にんじん、ほうれん草をやわらかくゆでみじん切りにする。
2. 鶏ささみをゆでて細かくカットし、食べやすい大きさにすりつぶす。
3. 鍋に1と2、トマトジュースと7倍がゆを入れて煮る。

副菜

### ぶどうみかん煮

**材料**
- ぶどう…10g
- みかん…10g

**作り方**
1. ぶどうとみかんの皮をむき、種を取り除く。
2. 1をみじん切りにする。
3. 小鍋に2を入れ、弱火にかける。

2回目

主食

### 7倍がゆ 50g

▶P82

主菜

### レンコンと白身魚の和風煮

**材料**
- 玉ねぎ…5g
- 白身魚（刺身）…1切れ
- だし汁…30mℓ
- レンコンペースト…10g
- 片栗粉…適量

**作り方**
1. 玉ねぎはゆでてみじん切りにする。
2. 白身魚はゆでて、身を細かくほぐす。
3. 鍋にだし汁、1、2、レンコンペーストを入れ、ひと煮立ちさせる。
4. 3に水溶き片栗粉を加え、とろみをつける。

副菜

### わかめときゅうりのかつおあえ

**材料**
- きゅうり…10g
- わかめペースト…10g
- かつお節…1g

**作り方**
1. きゅうりは皮をむいてすりおろす。
2. 1とわかめペースト、かつお節をあえる。

**わかめペーストの作り方**
水で戻したわかめをやわらかくゆで、みじん切りにしてすりつぶしたら水でのばす。

●献立はあくまでサンプルです。赤ちゃんの成長や発達に合わせて無理なく進めましょう。●赤ちゃんが食物アレルギーの診断を受けている、または疑いのある場合は必ず医師と相談の上進めてください。●レシピの食材は旬のものや自宅にあるものに置き換えてもかまいません（ただし、この時期に食べられる食材かどうかチェックしましょう）。

# 13日目

〈中期〉
7、8カ月ごろ（前半）

1回目

## キャベツうどん

**材料**

- キャベツ…10g
- 玉ねぎ…5g
- にんじん…5g
- チンゲン菜…5g
- ゆでうどん…30g
- だし汁…大さじ3

**作り方**

1 キャベツの芯を取り除き、みじん切りにする。
2 玉ねぎ、にんじん、チンゲン菜もみじん切りにする。
3 うどんを2〜3㎜の大きさに切る。
4 鍋にだし汁と1、2、3を入れ、ひたひたになるまで水を加えやわらかく煮こむ。

## めかじきと豆腐のとろとろ

**材料**

- めかじき…5g
- 豆腐（絹ごし）…10g
- だし汁…20㎖
- 片栗粉…適量

**作り方**

1 めかじきはゆでて皮を取り除き、細かくほぐし、すりつぶす。
2 小鍋に1、豆腐、だし汁を入れて火にかける。
3 2がふつふつと沸いてきたら、水溶き片栗粉を加えてとろみをつける。

2回目

主食 小麦

## スイカのパンがゆ

**材料**

- スイカ…15g
- トマト…20g
- 野菜スープ…30㎖
- 食パン（8枚切り）…1/2枚（耳を除く）

**作り方**

1 スイカは種を取り除き、すりおろす。
2 トマトは湯むきし、種を取り除き、みじん切りにする。
3 小鍋に、1、2、野菜スープを入れ軽く煮立たせる。
4 3に食パンをちぎって入れ、とろとろになるまで煮こむ。

## かぼちゃと ささみそぼろのあえもの

**材料**

- 鶏ささみ（冷凍したもの）…15g
- だし汁…大さじ1
- かぼちゃペースト…大さじ1 ▶P60

**作り方**

1 鶏ささみはすりおろす。
2 1とだし汁を小鍋で煮る。
3 かぼちゃペーストと2をあえる。

# 14日目

〈中期〉
7、8カ月ごろ（前半）　2回食

## 1回目

### ミルクチーズがゆ

**材料**

- ご飯…30g
- 水…20mℓ
- 牛乳…40mℓ
- 粉チーズ…小さじ1/2

**作り方**

1 耐熱皿にご飯と水を入れ、ラップをふんわりかけて電子レンジで1分ほど加熱する。
2 1に牛乳を加え、さらに30秒ほど加熱する。
3 2にラップをかけたまま数分おいて蒸らす。
4 3に粉チーズを加え、混ぜ合わせる。

### めかじきとにんじんのあんかけ

**材料**

- めかじき…5g
- にんじん…10g
- インゲン…5g
- だし汁…30mℓ
- 片栗粉…適量

**作り方**

1 めかじきはゆでて皮を取り除き、細かくほぐす。
2 にんじんとインゲンはゆでてみじん切りにする。
3 小鍋に1、2、だし汁を入れてひと煮立ちさせる。
4 3に水溶き片栗粉を加えて、とろみをつける。

## 2回目

### オートミールのりんごあえ

**材料**

- りんご…15g
- 水…100mℓ
- オートミール…10g

**作り方**

1 りんごの皮をむき、5mmほどの角切りにする。
2 耐熱皿にオートミールを入れる。
3 2に1と水を加え、ラップをかけて、電子レンジで約2分加熱する（※1）。
4 スプーンでよく混ぜ合わせる。

※1 りんごがやわらかくなるまで加熱してください。

### ささみとトマトの野菜スープ

**材料**

- 鶏ささみ…10g
- 野菜スープ…60mℓ
- トマト…20g
- 片栗粉…適量
- キャベツ…15g

**作り方**

1 鶏ささみをゆでてみじん切りにする。
2 皮と種を取り除いたトマトとキャベツをみじん切りする。
3 1と2に野菜スープを加えて煮る。
4 沸騰したら、いったん火を止めて水溶き片栗粉を加え、とろみをつける。

● 献立はあくまでサンプルです。赤ちゃんの成長や発達に合わせて無理なく進めましょう。● 赤ちゃんが食物アレルギーの診断を受けている、または疑いのある場合は必ず医師と相談の上進めてください。● レシピの食材は旬のものや自宅にあるものに置き換えてもかまいません（ただし、この時期に食べられる食材かどうかチェックしましょう）。

# 7、8カ月ごろ（前半）のイベントレシピ

## ひな祭りカラフルそうめん

**材料**

- トマトペースト…15g ▶P56
- 粉ミルク（調乳済のもの）…少量
- にんじん…5㎜
- 卵…適量
- そうめん…10g
- だし汁…50㎖
- キャベツペースト…15g ▶P50

**作り方**

1 トマトペーストは少量のミルクを混ぜ、桃色にする。
2 にんじんはやわらかくゆでて型抜きする。
3 卵は薄焼きにし、型抜きする。
4 そうめんは短く折ってやわらかくゆで、流水でよく洗い塩抜きし、刻む。
5 小鍋にだし汁、4を入れ軽く煮立たせる。
6 5を器に盛り、1、2、3とキャベツペーストをのせ飾りつける。

## 3色こいのぼりポテトサラダ

**材料**

- じゃがいも…30g
- 青のり…3g
- 焼きのり…適量
- かぼちゃペースト…5g
- にんじんペースト…5g ▶P60、61

**作り方**

1 じゃがいもの皮をむき、やわらかくゆでてマッシュする。
2 1を3等分して、それぞれ青のり、かぼちゃペースト、にんじんペーストを混ぜ合わせる。
3 2をこいのぼりの形になるように盛りつけ、のりで目やうろこをつける。

## こどもの日7倍がゆ

**材料**

- 7倍がゆ…50g
- にんじんペースト…20g
- 焼きのり…少々

**作り方**

1 器に7倍がゆを盛る。
2 1ににんじんペーストをこいのぼりの形になるようにのせる。
3 2にのりで目やうろこをつける。

event recipe

〈中期〉

# 7、8カ月ごろ（後半）

# 〈中期〉7、8カ月ごろ（後半）

## 1食分の目安量

中期前半よりも全体に量が増えます。食べられるたんぱく質の種類も増え、献立にバリエーションが出てきます。果物は野菜の代わりにはなりません。補足として15g程度の使用を目安としましょう。

### 炭水化物

いずれか
- 7倍がゆなら　80g（〜5倍がゆ80g）
- ゆでうどんなら　45g
- 食パン（8枚切り）なら　20g

### ビタミン・ミネラル

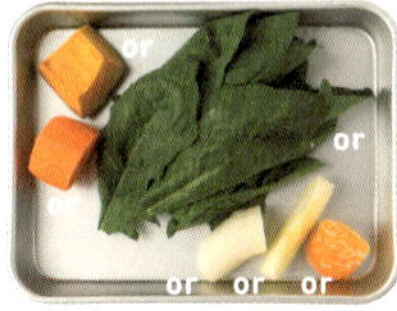

**野菜：合計30g＋果物15g**

いずれか
- にんじんなら　30g
- かぼちゃなら　30g
- ほうれん草なら　30g

＋

- バナナなら　15g
- りんごなら　15g
- みかんなら　15g

### たんぱく質

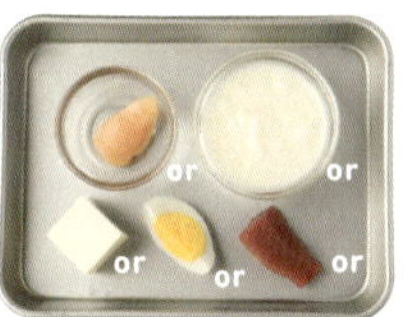

いずれか
- 肉（鶏ささみなど）なら　15g
- 魚（まぐろなど）なら　15g
- 豆腐なら　40g
- 全卵なら　1/3個分
- ヨーグルトなら　50g

※分量はあくまで目安です。個人差があるので量は調整してOKです。

## 食材の固さ

前半と同じく絹ごし豆腐くらいのやわらかさに。後半からは食材をつぶさず、やわらかくゆでたものを2〜4㎜ほどにきざみます。

**献立は2週間ずつ繰り返します**

中期後半の献立は2週間分を掲載しています。1カ月で2週間ずつサイクルするか、2日ずつ続けてもOKです。

## 食べさせ方

この時期になるとじっと座っているだけでなく、スプーンや食器、食べ物に興味を持ち、手を伸ばす赤ちゃんが多くなります。後期から始まる手づかみ食べへのステップとも考えられるので、できるだけ触らせてあげましょう。スプーンは2本用意しておき、1本を持たせてあげるといいでしょう。



## 家族で食卓を囲んでみよう

赤ちゃんの離乳食の時間に大人が合わせられるときに、家族で食卓を囲む時間を作ってみましょう。一緒に食べることで赤ちゃんがより食事に興味を持つ効果があります。

## 色々な食材にチャレンジ

各種の野菜、赤身魚や脂肪の少ないお肉など、食べられるものが増えてきます。少しずつ色々な味を体験させてあげましょう。中期以降も新しい食材は少量からが基本です。

## 後期へのスムーズなステップアップのために

後期になると1日3回食となり、さらに食事のバリエーションが広がり、手づかみ食べも始まります。次のステップへスムーズに移行するためには、赤ちゃんがモグモグと口を動かして食べ物をつぶせるようになっている必要があります。もしモグモグせず丸飲みしているなら、食べさせるスピードを落として「モグモグしようね」と声をかけて。大人がモグモグ口を動かしている様子を見せてみましょう。

〈中期〉

# 7、8カ月ごろ（後半）

2回食

## 1回目

### ほぐし鮭入りがゆ

**材料**

- 鮭…10g
- 7倍がゆ…80g

**作り方**

1 鮭はゆでて皮と骨を取り除き、細かくほぐしてすりつぶす。
2 7倍がゆに1を加えてよく混ぜ合わせる。

### 玉ねぎミックスベジタブル

**材料**

- 玉ねぎ…15g
- ほうれん草…15g
- にんじん…15g

**作り方**

1 玉ねぎ、にんじん、ほうれん草をゆでて2㎜角に切り、混ぜ合わせる（※1）。

※1 ミックスベジタブルをストックしておくと、さまざまな料理で活躍させることができます。大量に作って冷凍しておくのがおすすめです。

## 2回目

### キャベツ入りミネストローネパスタ

**材料**

- キャベツ…10g
- 鶏ささみ…10g
- 玉ねぎ…5g
- マカロニ…15g
- にんじん…5g
- 水…50㎖
- トマト…30g

**作り方**

1 キャベツは芯を取り除き、みじん切りにする。
2 玉ねぎ、にんじんはみじん切りにする。
3 トマトは、湯むきして種を取り除き、みじん切りにする。
4 鶏ささみは、3㎜角にカットする。
5 マカロニはやわらかくなるまでゆで、3㎜程度にカットする。
6 鍋に水と1、2、3、4、5を入れて弱火で煮こむ。

# 2日目

〈中期〉
7、8カ月ごろ（後半）　2回食

## 1回目

主食　乳製品

### コーンフレークのかぼちゃミルク

**材料**
- コーンフレーク（無糖）…大さじ4
- 粉ミルク（調乳済のもの）…30mℓ
- かぼちゃペースト…大さじ1 ▶P60

**作り方**
1 コーンフレークを軽く砕く。
2 1にミルクとかぼちゃペーストを混ぜてふやかす。

主菜

### 豆乳と鮭のスープ

**材料**
- 玉ねぎ…5g
- 鮭…10g
- だし汁…30mℓ
- 豆乳…15mℓ
- 片栗粉…適量

**作り方**
1 玉ねぎはやわらかくゆでてみじん切りにする。
2 鮭は電子レンジで加熱してほぐし、骨があれば取り除く。
3 小鍋に1、2、だし汁を入れ、ひと煮立ちさせる。
4 3に豆乳を加え、沸騰させないようにあたためる。
5 4に水溶き片栗粉を加え、とろみをつける。

## 2回目

主食　小麦

### 鶏ささみの煮こみうどん

**材料**
- 白菜…10g
- にんじん…10g
- 玉ねぎ…10g
- 鶏ささみ…10g
- ゆでうどん…45g
- だし汁…50mℓ
- 片栗粉…少々

**作り方**
1 白菜、にんじん、玉ねぎは細かくみじん切りする。
2 鶏ささみはすじを取り、2～3mmの大きさに切っておく。
3 うどんは1cmの大きさに切っておく。
4 小鍋にだし汁と1、2、3、ひたる位の水を入れてやわらかく煮こむ。
5 4に水溶き片栗粉を加え、とろみをつける。

副菜

### きなこ風味のポテトサラダ

**材料**
- じゃがいも…10g
- にんじん…5g
- きなこ…少さじ1/2

**作り方**
1 じゃがいもとにんじんをやわらかくゆでる。
2 1をつぶして、裏ごしをする。
3 2にきなこをふりかける。



●献立はあくまでサンプルです。赤ちゃんの成長や発達に合わせて無理なく進めましょう。●赤ちゃんが食物アレルギーの診断を受けている、または疑いのある場合は必ず医師と相談の上進めてください。●レシピの食材は旬のものや自宅にあるものに置き換えてもかまいません（ただし、この時期に食べられる食材かどうかチェックしましょう）。

# 3日目 〈中期〉7、8カ月ごろ(後半) 2回食

## 1回目

主食 小麦 乳製品

### コーンフレーク入りバナナパンがゆ

**材料**

- コーンフレーク…大さじ1
- 食パン(8枚切り)…1/3枚
- バナナ…1cm(輪切り)
- 粉ミルク(調乳済のもの)…大さじ3

**作り方**

1 コーンフレークは軽く砕いておく。
2 食パンは耳を取り除いて、手で細かくちぎる。
3 バナナは皮とすじを取り除き、フォークなどで細かくつぶす。
4 1、2、3とミルクを耐熱容器に入れてよく混ぜ、電子レンジで1分ほど加熱する。

主菜 乳製品

### ツナとトマトのヨーグルトあえ

**材料**

- トマト…20g
- ツナ(ノンオイル)…10g
- ヨーグルト(無糖)…15g

**作り方**

1 トマトは湯むきして種を取り除き、みじん切りにする。
2 ツナは水気を切って身をほぐしておく。
3 1、2、ヨーグルトを混ぜ合わせる。

## 2回目

主食

### 7倍がゆ 80g

▶P82

主菜

### 白菜と納豆のスープ

**材料**

- 白菜…10g
- 玉ねぎ…10g
- 納豆(ひき割り)…10g
- 野菜スープ…30mℓ

**作り方**

1 白菜と玉ねぎは薄くスライスして、やわらかくゆで、みじん切りにする。
2 納豆は茶こしに入れ、お湯をかけて、粘りを取っておく。
3 1と2と野菜スープを混ぜ、ひと煮立ちさせる。

〈中期〉

# 7、8カ月ごろ（後半）

2回食

## 1回目

### パンがゆ

80g

▶P84

### ツナとかぼちゃのサラダ

**材料**

- かぼちゃ…30g
- ツナ（ノンオイル）…10g
- だし汁…大さじ1

**作り方**

1 かぼちゃの皮をむき、2～3mm程度の角切りにする。
2 1と水大さじ1を耐熱皿に入れ、ラップをかけて電子レンジで1分30秒ほど加熱し水気を切る。
3 ツナは水気を切って身をほぐしておく。
4 2と3、だし汁を混ぜ合わせる。

## 2回目

### 白菜ミートパスタ

**材料**

- トマト…30g
- 白菜…10g
- 玉ねぎ…10g
- マカロニ…15g
- 鶏ひき肉…15g

**作り方**

1 トマトは湯むきして、種を取り、すりつぶす。
2 白菜と玉ねぎは薄くスライスしてやわらかくゆでで、みじん切りにする。
3 マカロニはやわらかくゆでて、2mm程度に切る。
4 鶏ひき肉と水大さじ1を小鍋で煮る。
5 4に1と2を入れ、さらに煮る。
6 3に5のソースをからませる。

### みかんジュース

**材料**

- みかん…適量（果汁20mℓ）（※1）
- お湯…みかん果汁と同量

**作り方**

1 みかんの皮と薄皮をむき、すり鉢ですりつぶす。
2 1の果汁をこし器でこし、同量のお湯を加える。

※1 みかんによって果汁の量が異なります。20mℓになるように、みかんの量を調節してください。



●献立はあくまでサンプルです。赤ちゃんの成長や発達に合わせて無理なく進めましょう。●赤ちゃんが食物アレルギーの診断を受けている、または疑いのある場合は必ず医師と相談の上進めてください。●レシピの食材は旬のものや自宅にあるものに置き換えてもかまいません（ただし、この時期に食べられる食材かどうかチェックしましょう）。

# 〈中期〉 7、8カ月ごろ（後半） 2回食

## 1回目

主食

### 7倍がゆ 80g

▶P82

主菜

### ツナとチンゲン菜のあんかけ

**材料**

- チンゲン菜…15g
- 玉ねぎ…10g
- ツナ（ノンオイル）…10g
- だし汁…50mℓ
- 片栗粉…適量

**作り方**

1 チンゲン菜と玉ねぎはゆでてみじん切りにする。
2 ツナは水気を切って身をほぐしておく。
3 鍋に1と2、だし汁を入れてやわらかく煮こむ。
4 3に水溶き片栗粉を加えてとろみをつける。

## 2回目

主食

### オクラと納豆のネバネバ丼

**材料**

- オクラ…20g
- 納豆（ひき割り）…10g
- だし汁…小さじ1
- 7倍がゆ…80g

**作り方**

1 オクラはやわらかくゆで、種を取り除き、みじん切りにする。
2 1、納豆、だし汁をよく混ぜ合わせる。
3 7倍がゆを器に盛り、上に2をのせる。

副菜

### なすのかつお節あえ

**材料**

- なす…20g
- かつお節…少量

**作り方**

1 なすは皮をむいて2～3mm程度の大きさに切る。
2 1を水にさらし、アク抜きをする。
3 2をやわらかくゆでて、かつお節とあえる。

# 6日目

〈中期〉

7、8カ月ごろ（後半）　2回食

## 1回目

主食

### 7倍がゆ
80g

▶P82

主菜　乳製品

### たら入りシチュー

材料

- ほうれん草…10g
- にんじん…10g
- たら…10g
- 野菜スープ…15mℓ
- 粉ミルク（調乳済のもの）…10mℓ

作り方

1 ほうれん草とにんじんをゆで、みじん切りにする。
2 たらをゆでて、骨を取り除き、身をほぐす。
3 小鍋に1と2、野菜スープとミルクを入れてひと煮立ちさせる。

## 2回目

主食　小麦

### のりにゅうめん

材料

- そうめん…15g
- だし汁…50mℓ
- 小松菜…10g
- 焼きのり …全形1/8枚

作り方

1 そうめんは乾燥した状態で細かく折り、やわらかくゆで、流水でよく洗い塩抜きをする。
2 だし汁を煮立て、みじん切りした小松菜と細かくちぎったのりを煮る。
3 1と2を混ぜ合わせる。

主菜

### さつまいもと鶏そぼろのとろとろ煮

材料

- さつまいも…30g
- だし汁…30mℓ
- 鶏ひき肉 …10g
- 片栗粉 …適量

作り方

1 さつまいもの皮を厚くむいて、3mm角に切り、だし汁、ひたる位の水と小鍋に入れてやわらかくなるまで煮る。
2 さつまいもがやわらかくなったら、鶏ひき肉を入れてさらに煮る。
3 水溶き片栗粉を加えとろみをつける。



●献立はあくまでサンプルです。赤ちゃんの成長や発達に合わせて無理なく進めましょう。●赤ちゃんが食物アレルギーの診断を受けている、または疑いのある場合は必ず医師と相談の上進めてください。●レシピの食材は旬のものや自宅にあるものに置き換えてもかまいません（ただし、この時期に食べられる食材かどうかチェックしましょう）。

# 7日目

〈中期〉
7、8カ月ごろ（後半）　2回食

## 1回目

主食　小麦　乳製品

### バナナ入りミルクパンがゆ

**材料**

- 食パン（8枚切り）…1/2枚
- バナナ…1/6本
- レーズン…3粒
- 牛乳…30mℓ

**作り方**

1 食パンは、耳を除いて細かくちぎっておく。
2 バナナの皮とすじを取り除き、フォークの背で細かくつぶす。
3 レーズンはぬるま湯につけてやわらかくなるまで戻し、みじん切りしておく。
4 1と牛乳を耐熱容器に入れ、ラップをして電子レンジで約1分加熱する。
5 4に2のバナナを加えてさらに電子レンジで30秒ほど加熱する。
6 5に3のレーズンを混ぜ合わせる。

主菜　乳製品

### たらと野菜のヨーグルトサラダ

**材料**

- にんじん…10g
- ほうれん草…10g
- たら…10g
- ヨーグルト（無糖）…15g

**作り方**

1 にんじん、ほうれん草をゆでてみじん切りにする。
2 たらはゆでて骨を取り除き、身をほぐす。
3 1と2とヨーグルトをあえる。

## 2回目

主食

### 7倍がゆ 80g

▶P82

**里芋ペーストの作り方**

里芋は皮をむいて小さく切り、ひたひたになるくらいの水と鍋に入れてゆでる。すりつぶして湯でのばす。

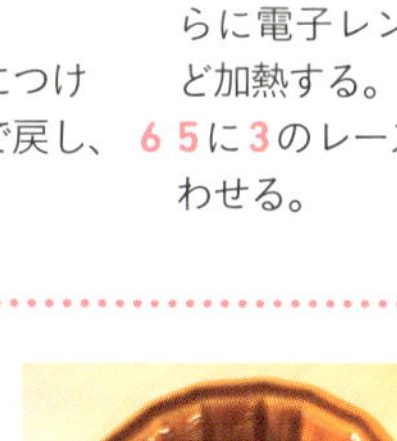

主菜　小麦　乳製品

### 鮭入り麩のミルク煮

**材料**

- 鮭…10g
- 焼き麩…2個
- 粉ミルク（調乳済のもの）…大さじ2

**作り方**

1 鮭はゆでて皮と骨を取り除き、細かくほぐす。
2 すりおろした麩とミルクを耐熱容器に入れ、電子レンジで約20秒加熱する。
3 1と2を混ぜ合わせる。

副菜

### 里芋とオクラのあえもの

**材料**

- オクラ…1/2本
- 里芋ペースト…10g

**作り方**

1 オクラはヘタを取って縦半分に切り、種を取り除く。
2 1をやわらかくゆでて、細かくみじん切りにする。
3 里芋ペーストと2をあえる。

〈中期〉
# 7、8カ月ごろ（後半）　2回食

## 1回目

### パンがゆ 80g

▶P84

### 麩とさつまいものポタージュ

**材料**
- さつまいも…50g
- 焼き麩…2個
- 牛乳…50mℓ

**作り方**
1. さつまいもは皮をむいて約1cm角に切り、やわらかくゆでてマッシュしておく。
2. 耐熱容器に1と牛乳、小さくちぎった麩を加えてよく混ぜ合わせる。
3. 2を電子レンジで30秒～1分程度加熱し、麩がとろとろになるように混ぜる。

副菜

### パプリカのバナナあえ

**材料**
- バナナ…15g
- パプリカペースト…15g
- きなこ…適量

**作り方**
1. バナナをフォークの背でつぶす。
2. 1、パプリカペースト、きなこを加え、混ぜ合わせる。

**パプリカペーストの作り方**
ヘタ、種、わたを取り除き、電子レンジで30秒ほど加熱し、やわらかくなったらすぐに冷水にさらして皮をむく。みじん切りにしてすりつぶし、水でなめらかにのばす。

## 2回目

主食　乳製品

### 鮭とほうれん草のミルクがゆ

**材料**
- 鮭…15g
- ほうれん草…5g
- 7倍がゆ…80g
- 粉ミルク（調乳済のもの）…15mℓ

**作り方**
1. 鮭は皮と骨を除き、ゆでて余分な脂を落としてからフレーク状にほぐす。
2. ほうれん草はさっとゆで、みじん切りにする。
3. 1、2と7倍がゆ、ミルクを混ぜ合わせて、ひと煮立ちさせる。

副菜

### 里芋と玉ねぎのスープ

**材料**
- 玉ねぎ…5g
- だし汁…30mℓ
- 里芋ペースト…15g

**作り方**
1. 玉ねぎはすりおろす。
2. 小鍋に1、だし汁、水大さじ1を入れて煮る。里芋ペーストを入れ、ひと煮立ちさせる。

●献立はあくまでサンプルです。赤ちゃんの成長や発達に合わせて無理なく進めましょう。●赤ちゃんが食物アレルギーの診断を受けている、または疑いのある場合は必ず医師と相談の上進めてください。●レシピの食材は旬のものや自宅にあるものに置き換えてもかまいません（ただし、この時期に食べられる食材かどうかチェックしましょう）。

〈中期〉
# 7、8カ月ごろ（後半）

1回目

## ほうれん草とトマト入り納豆パスタ

**材料**
- ほうれん草…5g
- トマト…10g
- 玉ねぎ…10g
- マカロニ…15g
- だし汁…大さじ2
- 納豆（ひき割り）…20g

**作り方**
1. 玉ねぎとほうれん草はゆでてみじん切りにする。
2. 湯むきして種を取り除いたトマトを3～5㎜くらいの大きさにきざむ。
3. マカロニをやわらかくゆでて、5㎜くらいの長さにカットする。
4. だし汁、納豆、1、2、3をあえる。

## わかめとツナの煮物

**材料**
- ツナ（ノンオイル）…10g
- 玉ねぎ…15g
- だし汁…30㎖
- わかめペースト…10g ▶P95

**作り方**
1. ツナの水気を切る。
2. 玉ねぎは細かくみじん切りにする。
3. 小鍋にだし汁を入れ、1、2、わかめペーストを入れひと煮立ちさせる。

2回目

## レタスと鯛のチーズがゆ

**材料**
- 鯛…15g
- レタス（葉先のやわらかい部分）…1/2枚
- 5倍がゆ…大さじ3
- 粉チーズ…少々

**作り方**
1. 鯛はラップをかけて電子レンジで30秒ほど加熱し、ほぐす。
2. レタスはみじん切りにする。
3. 耐熱容器に、1、2と、5倍がゆ、粉チーズを入れて電子レンジで30～40秒加熱する。

主菜

## パプリカ入り和風スープ

**材料**
- 玉ねぎ…10g
- だし汁…40㎖
- パプリカペースト…15g ▶P109
- 片栗粉…適量

**作り方**
1. 玉ねぎをゆで、みじん切りにする。
2. 小鍋に、だし汁、1、パプリカペーストを入れ、ひと煮立ちさせる。
3. 2に水溶き片栗粉でとろみをつける。

# 10日目

〈中期〉
## 7、8カ月ごろ（後半）

2回食

### 1回目

主食

## 7倍がゆ 80g

▶P82

主菜

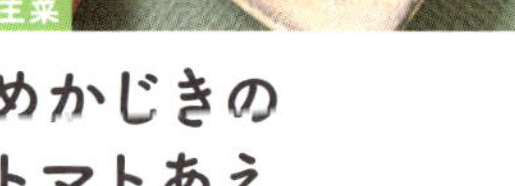

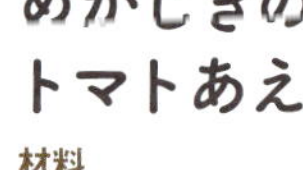

## めかじきのトマトあえ

**材料**
- めかじき…5g
- トマト…25g

**作り方**
1 めかじきはゆでて皮を取り除き、細かくほぐす。
2 トマトは湯むきして、種を取り除き、細かく切ってつぶす。
3 1と2を混ぜ合わせる。

副菜　乳製品

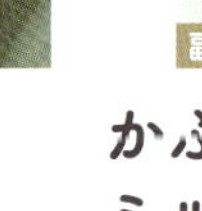

## かぶとブロッコリーのミルクスープ

**材料**
- かぶ…10g
- ブロッコリー…10g
- 牛乳…40mℓ
- 野菜スープ…10mℓ
- 片栗粉…適量

**作り方**
1 かぶとブロッコリーはやわらかくゆでて、みじん切りにする。
2 小鍋に1、牛乳、野菜スープを入れ、ひと煮立ちさせる。
3 2に水溶き片栗粉を加えとろみをつける。

### 2回目

主食　小麦

## 納豆と鯛のにゅうめん

**材料**
- 鯛…10g
- 納豆（ひき割り）…10g
- そうめん…15g
- なす…10g
- だし汁…50mℓ

**作り方**
1 鯛は、ラップで包んで電子レンジで20秒加熱し、身をほぐしておく。
2 なすの皮をむいて、みじん切りにする。
3 納豆をお湯でさっと洗い、粘りをとっておく。
4 そうめんをやわらかくゆで、流水でよく洗い、みじん切りにする。
5 鍋にだし汁とすべての材料を入れ、かき混ぜながら煮る。納豆がふやけて、なすがやわらかくなったら、火からおろして人肌くらいの温度まで冷ます。

副菜

## 桃とトマトのサラダ

**材料**
- にんじん…10g
- トマト…15g
- 桃ペースト…10g ▶P112

**作り方**
1 にんじんはやわらかくゆでて、みじん切りにする。
2 トマトは湯むきして種を取り除き、みじん切りにする。
3 1、2、桃ペーストを混ぜ合わせる。

●献立はあくまでサンプルです。赤ちゃんの成長や発達に合わせて無理なく進めましょう。●赤ちゃんが食物アレルギーの診断を受けている、または疑いのある場合は必ず医師と相談の上進めてください。●レシピの食材は旬のものや自宅にあるものに置き換えてもかまいません（ただし、この時期に食べられる食材かどうかチェックしましょう）。

# 11日目

〈中期〉
7、8カ月ごろ（後半）

2回食

## 1回目

主食

### めかじきがゆ

**材料**
- めかじき…10g
- 5倍がゆ…50g

**作り方**
1 めかじきはゆでて皮を取り除き、細かくほぐす。
2 1と5倍がゆをよく混ぜ合わせる。

副菜 小麦

### 麩入り野菜スープ

**材料**
- にんじん…10g
- 玉ねぎ…10g
- ブロッコリー…5g
- 野菜スープ…100mℓ
- 焼き麩…1個
- 片栗粉…適量

**作り方**
1 にんじん、玉ねぎの皮をむき、2〜3mm角に切る。
2 ブロッコリーはみじん切りにする。
3 小鍋に1、2と野菜スープを入れ、野菜がやわらかくなるまで煮こむ。
4 3にひと口サイズにちぎった麩と、水溶き片栗粉を加えてよく混ぜ、ひと煮立ちさせる。

## 2回目

主食

### 7倍がゆ 80g

▶P82

主菜

### かぶと鯛の豆腐あんかけ

**材料**
- かぶ…15g
- インゲン…5g
- 鯛…10g
- 豆腐（絹ごし）…20g
- だし汁…60mℓ
- 片栗粉…適量

**作り方**
1 皮をむいたかぶとインゲンは粗めのみじん切りにする。
2 鯛は水大さじ1と耐熱皿に入れ、ラップをかけて電子レンジで30秒ほど加熱し細かくほぐす。
3 豆腐は2〜3mmほどの大きさに角切りにする。
4 鍋にだし汁、1、2、3を入れてやわらかく煮たら、水溶き片栗粉を加えてとろみをつける。

副菜

### さつまいもの桃添え

**材料**
- さつまいも…30g
- 桃ペースト…15g

**作り方**
1 さつまいもはゆでてマッシュする。
2 1を器に盛り、上に桃ペーストをかける。

**桃ペーストの作り方（1個分）**
皮をむき、1cm角に切る。耐熱容器に入れラップをかけて電子レンジで2分ほど加熱する。すりつぶし、裏ごしする。

# 12日目

〈中期〉
7、8カ月ごろ（後半）　2回食

## 1回目

### さつまいものヨーグルトパンがゆ

**材料**
- さつまいも…15g
- 食パン（8枚切り）…1/2枚
- ヨーグルト（無糖）…適量
- 粉ミルク（調乳済のもの）…適量

**作り方**
1 さつまいもの皮をむき、やわらかくゆでてマッシュする。
2 食パンは耳を取り除き、細かくちぎる。
3 1、2とヨーグルトを混ぜ合わせ、水分量が足りなければミルクを加えてのばす。

主菜

### かぶのそぼろ煮

**材料**
- かぶ…30g
- だし汁…40mℓ
- 鶏ひき肉…15g
- 片栗粉…適量

**作り方**
1 かぶは皮をむき、粗めのみじん切りにする。
2 1を耐熱皿に入れ、電子レンジで約20秒加熱する。
3 鍋に2、鶏ひき肉、だし汁を入れて煮る。
4 3に水溶き片栗粉を加えてとろみをつける。

## 2回目

主食

### 7倍がゆ 80g

▶P82

主菜

### まぐろと大根のだし煮

**材料**
- まぐろ（刺身）…1切れ
- 大根…10g
- だし汁…50mℓ
- 片栗粉…適量

**作り方**
1 まぐろはゆでて、身をほぐす。
2 大根は薄切りにし、やわらかくゆで、食べやすい大きさに切る。
3 小鍋に1、2、だし汁を入れて3分ほど煮こみ、水溶き片栗粉でとろみをつける。

### アスパラとトマトのあえもの

**材料**
- トマト…1/8個
- 玉ねぎ…10g
- アスパラガス…10g

**作り方**
1 トマトは湯むきし、種を取り除いてつぶす。
2 アスパラはピーラーで皮をむき、玉ねぎとともにやわらかくゆでてみじん切りにする。
3 1、2を混ぜ合わせる。

● 献立はあくまでサンプルです。赤ちゃんの成長や発達に合わせて無理なく進めましょう。● 赤ちゃんが食物アレルギーの診断を受けている、または疑いのある場合は必ず医師と相談の上進めてください。● レシピの食材は旬のものや自宅にあるものに置き換えてもかまいません（ただし、この時期に食べられる食材かどうかチェックしましょう）。

# 13日目

〈中期〉

## 7、8カ月ごろ（後半）

2回食

1回目

主食

### 7倍がゆ 80g

▶P82

主菜

### まぐろのトマトソース

**材料**

- まぐろ（刺身）…2切れ
- トマトペースト…20g ▶P56

**作り方**

1 まぐろをゆでて、身をほぐす。
2 1にトマトペーストをあえてすりつぶす。

副菜

### にんじんポタージュスープ

**材料**

- にんじん…10g
- 玉ねぎ…10g
- さつまいも…5g
- ご飯…5g
- 水…100mℓ

**作り方**

1 にんじん、玉ねぎ、さつまいもを細かくカットし、水で煮る。
2 1の具材がやわらかくなったら火を止め、ご飯を入れ、ひと煮立ちさせる。
3 2を裏ごしてなめらかにする。

2回目

主食 小麦

### 小松菜と大根のうどん

**材料**

- 大根…10g
- 小松菜…10g
- 玉ねぎ…10g
- ゆでうどん…45g
- だし汁…30mℓ

**作り方**

1 大根はすりおろす。
2 小松菜、玉ねぎを2〜3mm角に切る。
3 うどんはみじん切りにする。
4 鍋にだし汁、1、2、3とかぶる位の水を加えてやわらかく煮る。

副菜

### 枝豆入りかぼちゃサラダ

**材料**

- かぼちゃ…20g
- 枝豆 …10g
- レーズン…3粒

**作り方**

1 かぼちゃはやわらかくゆでて、マッシュする。
2 枝豆はゆでて、さやから出し、薄皮を取り除いてみじん切りにする。
3 レーズンはぬるま湯につけてやわらかくなるまで戻し、みじん切りしておく。
4 1、2、3を混ぜ合わせる。

# 14日目

〈中期〉
7、8カ月ごろ（後半）　2回食

## 1回目

主食　乳製品

### ズッキーニのおかゆ

**材料**

- ズッキーニ…5g
- にんじん…5g
- ブロッコリー…5g
- 7倍がゆ…80g
- 粉チーズ…少量

**作り方**

1. ズッキーニは皮をむいて水にさらしてアク抜きをする。
2. 1、にんじん、ブロッコリーはやわらかくゆでて2〜3㎜角に切る。
3. 2を7倍がゆに混ぜ合わせ、上に粉チーズをかける。

主菜　乳製品

### カッテージチーズとかぼちゃのきなこあえ

**材料**

- かぼちゃ…20g
- カッテージチーズ（右記）…5g
- きなこ…適量

**作り方**

1. かぼちゃをやわらかくなるまでゆで、裏ごしする。
2. 1にカッテージチーズ、きなこを混ぜ合わせる。

乳製品

#### カッテージチーズの作り方

**材料**

- ヨーグルト（無糖）…50g
- レモン汁…2滴

**作り方**

1. ヨーグルトを耐熱皿に入れ、電子レンジで約20秒加熱する。
2. 1にレモン汁を垂らし、よく混ぜる。
3. 茶こしにキッチンペーパーを敷き、下に受け皿を置く。
4. 3に2を注ぎ、水が切れるまで15分ほど放置する。
5. 下に水がたまっているのを確認したらキッチンペーパーごとぎゅっとしぼる。

## 2回目

主食

### のり入りおかゆ

**材料**

- 焼きのり…1/8枚
- 7倍がゆ…80g

**作り方**

1. のりを細かくちぎる。
2. 1と7倍がゆを混ぜ合わせる。

副菜

### たらと小松菜のねばねばあえ

**材料**

- たら…10g
- 小松菜…10g
- 納豆（ひき割り）…15g

**作り方**

1. たらはゆでて、骨を取り除き身をほぐす。
2. 小松菜はゆでて、みじん切りにする。
3. 納豆は茶こしに入れ、熱湯をかけて粘りを取る。
4. 1、2、3を混ぜ合わせる。



●献立はあくまでサンプルです。赤ちゃんの成長や発達に合わせて無理なく進めましょう。●赤ちゃんが食物アレルギーの診断を受けている、または疑いのある場合は必ず医師と相談の上進めてください。●レシピの食材は旬のものや自宅にあるものに置き換えてもかまいません（ただし、この時期に食べられる食材かどうかチェックしましょう）。

# 7、8カ月ごろ（後半）のイベントレシピ

## マッシュポテトのクリスマスツリー

乳製品

**材料**

- じゃがいも…小1個
- ほうれん草ペースト…10g ▶P66
- にんじん…5g
- スライスチーズ…1/2枚

**作り方**

1 じゃがいもは適当な大きさに切り、やわらかくゆでてマッシュする。
2 1にほうれん草ペーストを混ぜ合わせる。
3 にんじんはやわらかくゆでて、みじん切りする。
4 チーズは星形に型抜きしておく。
5 2をお皿にのせ、もみの木の形にととのえる。
6 5の上に3と4を飾りつける。

## マッシュポテトのカラフルケーキ

**材料**

- じゃがいも…1/2個
- 牛乳…30㎖
- 塩…少々
- バター…少量
- にんじん…5g
- インゲン…5g

**作り方**

1 じゃがいもはやわらかくゆでて、マッシュする。
2 1に牛乳、塩、バターを加え、全体をよく混ぜる。
3 2を皿にのせ、ケーキ型に成形する。
4 にんじん、インゲンはゆでてみじん切りする。
5 3の上に4を彩りよくトッピングする。

## カッテージチーズのカプレーゼ風

**材料**

- トマト…10g
- カッテージチーズ…10g ▶P115
- ほうれん草ペースト…5g

**作り方**

1 トマトは湯むきし、種を取って裏ごしする。
2 1とカッテージチーズ、ほうれん草ペーストをお皿に飾りつける。

event recipe

# 〈後期〉
# 9～11カ月ごろ（前半）

**後期への**
**ステップアップの目安**

- □ 1日2回の離乳食を安定して食べられる
- □ 豆腐くらいの固さのものを舌でつぶして食べられる
- □ 1食で子ども用茶碗に軽く1杯くらいの量を食べられる

# 〈後期〉9～11カ月ごろ（前半）

## いよいよ3回食に！なるべく決まった時間帯に食べさせます

離乳食が1日3回になります。食事の間隔は3～4時間以上あけ、できるだけ決まった時間帯に食べさせて生活リズムをととのえましょう。このころになると栄養の6～7割を離乳食からとるようになり、食後の授乳が減る赤ちゃんもいます。後期の後半になり、3回食に慣れたら1回目の離乳食を9時ごろ、2回目を13時ごろ、3回目を18時ごろと、大人の食事時間に近づけていきます。

### この時期のタイムスケジュール例

食事の間隔は3～4時間あけましょう。

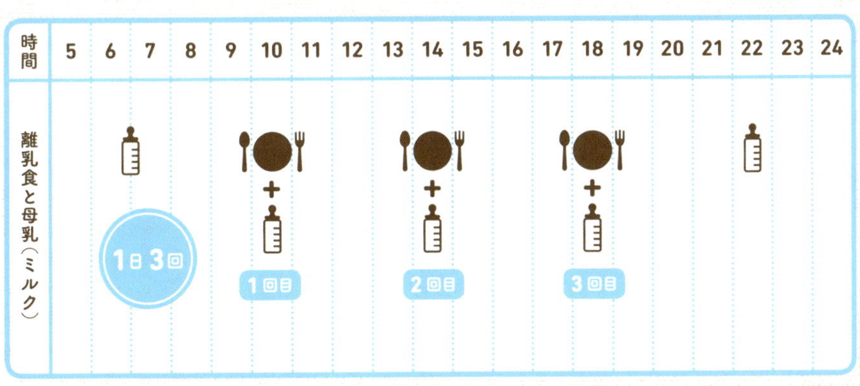


### 食べさせ方

ひと口で食べる量が増えてくるので、初期から使っていた平らなスプーンからくぼみのあるスプーンにチェンジ。手づかみ食べにも挑戦しましょう（P120参照）。

スプーンをチェンジ！

### 食材の固さ

赤ちゃんが歯ぐきでつぶせる熟したバナナくらいの固さが目安です。やわらかくゆでた食材を5㎜ほどの角切りに。小さすぎると咀しゃくの練習になりません。

## 1食分の目安量

赤ちゃんの消化機能が発達して、豚肉や牛肉、青皮魚やきのこ類など食べられるものがぐんと増えてきます。炭水化物の量も多くなるので、主食はまとめて作り、1回分ずつ冷凍しておくとラクです。

### 炭水化物

いずれか
- 5倍がゆなら 90g
- ゆでうどんなら 60g
- 食パン（8枚切り）なら 25g

### ビタミン・ミネラル

野菜：合計 30〜40g＋果物 20g

いずれか
- にんじんなら 30g
- かぼちゃなら 30g
- ほうれん草なら 30g

＋
- バナナなら 20g
- りんごなら 20g
- みかんなら 20g

### たんぱく質

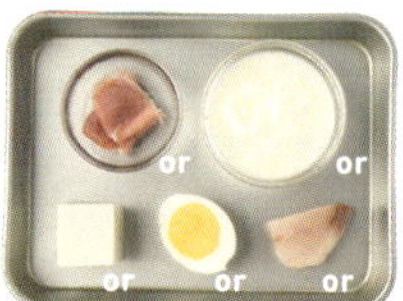


いずれか
- 肉（豚肉など）なら 15g
- 魚（ぶりなど）なら 15g
- 豆腐なら 45g
- 全卵なら 1/2個分
- ヨーグルトなら 80g

※分量はあくまで目安です。個人差があるので量は調整してOKです。

## 飲み物

中期と同じく湯冷ましやノンカフェインの薄いお茶が基本です。離乳食が進まず体重が増えない場合は医師と相談の上、鉄含有量の多いフォローアップミルクを飲ませることもあります（離乳食を順調に食べていれば飲ませる必要はありません）。

フォローアップミルクは必要に応じて

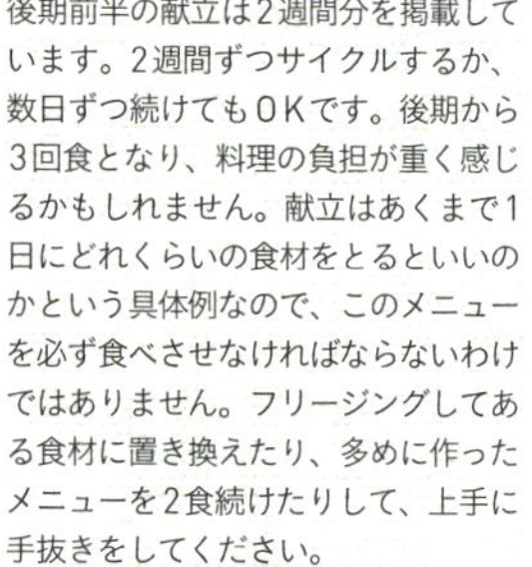

**献立は2週間ずつ繰り返します**

後期前半の献立は2週間分を掲載しています。2週間ずつサイクルするか、数日ずつ続けてもOKです。後期から3回食となり、料理の負担が重く感じるかもしれません。献立はあくまで1日にどれくらいの食材をとるといいのかという具体例なので、このメニューを必ず食べさせなければならないわけではありません。フリージングしてある食材に置き換えたり、多めに作ったメニューを2食続けたりして、上手に手抜きをしてください。

# 〈後期〉9~11カ月ごろ（前半）

## 手づかみ食べに挑戦しよう！

この時期から積極的にチャレンジしたいのが手づかみ食べ。赤ちゃんが自分で食べるようになるための大事な第一歩です。食べ物に手を伸ばすようになったら平らなお皿にやわらかい食材をのせて食卓に出してみましょう。手でつかんだときにベタつかず口に入れたらふわっとやわらかく飲み込める食べ物がベストです。最初はコネコネしたりポイっとするかもしれませんが、それも食べ物の形や固さを確かめるのに必要な作業。毎日少しずつ練習するうちに口へ運べるようになります。食べ物がのどに詰まらないよう、口に入れすぎそうになったら止めてあげてください。赤ちゃんが興味を示す時期はそれぞれなので、やりたがらない子もいます。無理はせず気長に挑戦しましょう。

### おすすめの手づかみメニュー

1.5cm
初めのころ
3cm
慣れたころ
1cm角
5cm
さらに
進んだころ

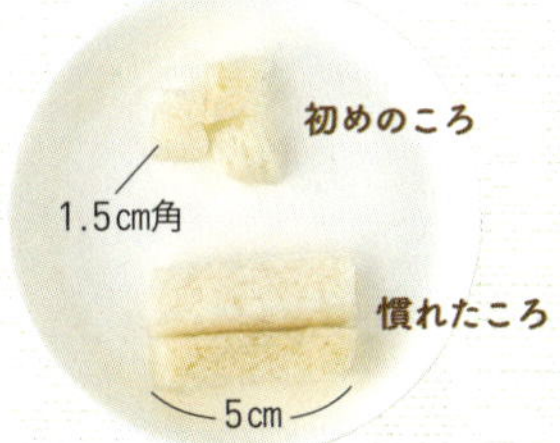

**にんじん**

にんじんや大根はやわらかく煮ても手で持ちやすい。最初から大きくせず、指先でつまむ程度の角切りから始めてだんだんスティック状にしていきます。

**パン**

パンは持ちやすくちぎりやすいのでこの時期の主食としてよく登場させたいもの。角切りから始めて、慣れてきたらスティック状にしてみましょう。

**ハンバーグ**

つなぎや水分を多くして歯ぐきでつぶせる固さに調整します。手がべたつかないように、あんかけやソースはつけずそのまま食べさせましょう。

**床に新聞やシートを敷いて対策を**

手づかみ食べが始まると食べ物が床に落ちることが多くなり、食事のたびに拭き掃除するのが大変になってきます。そこで離乳食の前に床に新聞紙を敷いておき、食後は新聞を丸めて捨てるだけにすれば片付けがラクになります。拭き取りしやすいビニールシートを活用しても。

## この時期の注意点

### 鉄分、たんぱく質の不足に注意

この時期は鉄分が不足しやすいので、赤身の肉、魚、レバー、青菜、大豆、海藻など鉄分の多い食材を意識して取り入れましょう。

### ビタミンA過剰症に注意

レバーは鉄分をとるために食べさせたい食材ですが、とりすぎるとビタミンA過剰症になるので量には注意が必要です。たまに与える程度にしましょう。

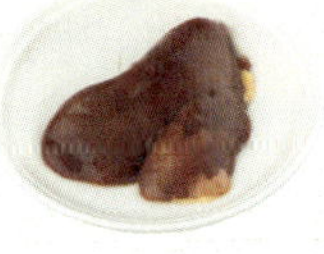

## 調味料が使えるようになります

### 調味料はなるべく添加物不使用のものを

これまではだし汁や野菜スープのみで味つけしていましたが、この時期から味噌、醤油、塩、砂糖などの調味料が少しずつ使えるようになります。必ず味つけしなければならないわけではなく、味つけなしでもよく食べるならそのままで大丈夫。味をつけたほうが赤ちゃんがよく食べるようならごく少量加えてOKです。使う調味料はなるべく自然な製法のものを選びましょう。

### 加えられる調味料の量の目安は？（1食分）

量はごくごく少なく。しっかり味つけというより、風味づけと考えましょう。

味噌　0.8g以下

塩　0.1g以下

醤油　0.7ml以下

## この時期のおやつについて

この時期は基本的にまだおやつを食べる必要はありません。外出で次の食事までの時間があくときや、すごく食べたがるときなどは赤ちゃん用に作られたものを少量あげてもOK。3回の食事にひびかない程度にしましょう。

# この時期の主食の作り方

後期からはおかゆが5倍がゆになります。その他の主食としてパンや麺類のほか、ホットケーキミックスなども使えます。

## 5倍がゆ

米から作る場合は▶ P29
（米：水＝1：5）

**材料（作りやすい量／約260g分）**

- 炊いたごはん…120g
- 水…300mℓ

**作り方**

1 小鍋にご飯と水を入れて強火にかけ、煮立ったら弱火にしてフタをして15～20分ほど加熱する。

2 ふっくらしたら火を止め、フタをして15～20分ほど蒸らす。

**Point**

＊焦げつかないよう、たまに底から混ぜながら加熱しましょう。
＊電子レンジを使う場合は、ふんわりとラップをかけ、途中で混ぜながら約10分加熱します。そのまま20分ほど蒸らしましょう。

## パン

**Point**

パンがゆにせずそのままでも食べられるようになります。最初は角切りから始め、慣れたら少しずつスティック状にしていきます。

**Point**

具をはさんでサンドイッチにしても。まだこのまま食べることは難しいですが、赤ちゃんが料理のバリエーションを経験できます。小さく切って食べさせて。

## うどん

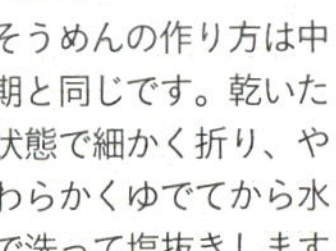

**Point**

1〜2cmの長さに切ってやわらかくゆでます。初期〜中期ではあまり使わない乾麺もこのころからOK。短く折ってやわらかくゆでてから水で洗って塩抜きします。

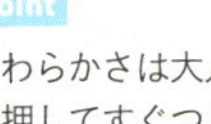

**Point**

やわらかさは大人が指で押してすぐつぶれる程度に。後期になっても固さはこれまでと大きく変えません。

## そうめん

**Point**

そうめんの作り方は中期と同じです。乾いた状態で細かく折り、やわらかくゆでてから水で洗って塩抜きします。

## パスタ

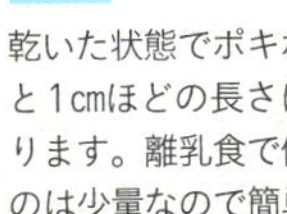

**Point**

乾いた状態でポキポキと1cmほどの長さに折ります。離乳食で使うのは少量なので簡単に折ることができます。

**Point**

やわらかくなるまでゆで、そのまま湯にひたしてふやかします。出来上がったら水気を切り、とろみのあるソースや具材を混ぜます。

※お湯に塩は入れません。

## ホットケーキ

**Point**

ベビー用のものか、一般のものであれば香料を含まない国産小麦のものがおすすめ。大手スーパーや通販、生協で探すことができます。

**Point**

ホットケーキを焼くときの油はごくごく薄くして、余分な油はキッチンペーパーで拭き取りましょう。

〈後期〉

# 9~11カ月ごろ(前半)

3回食

## 1回目

卵 主食

### ブロッコリーの中華どんぶり

**材料**

- ブロッコリー…10g
- にんじん…10g
- 白菜…10g
- 片栗粉…5g
- だし汁…100mℓ
- 醤油…少々
- 卵黄…1個分
- 5倍がゆ…90g

**作り方**

1. ブロッコリー、にんじん、白菜を5mm角にカットしてやわらかくゆでる。
2. 片栗粉5gを10gの水で溶いておく。
3. 鍋に1とだし汁、醤油を入れ、中火で加熱する。
4. 3に2を少しずつ入れ、やさしくかき混ぜながら、とろみをつける。
5. 4に卵を溶いて入れ、少し煮立たせてから、ふんわりとかき混ぜる。
6. 5を軟飯の上にのせる。

## 2回目

主食

### 5倍がゆ 90g

▶P122

主菜

### 肉じゃが

**材料**

- 豚ひき肉…15g
- じゃがいも…20g
- 玉ねぎ…10g
- だし汁…70mℓ
- 醤油…3滴

**作り方**

1. 豚ひき肉はさっとゆで、余分な脂身を落とす。
2. じゃがいもと玉ねぎは5mm角に切る。
3. 鍋に1、2、だし汁を入れ、ひと煮立ちさせる。
4. 3に醤油を加え、やわらかく煮こむ。

副菜

### オクラとわかめのスープ

**材料**

- オクラ…20g
- わかめ(乾燥)…小さじ1/2
- だし汁…50mℓ

**作り方**

1. わかめは水で戻し、みじん切りにする。
2. オクラはやわらかくゆで、種を取り除き、粗めのみじん切りにする。
3. 小鍋にだし汁、1、2を入れ、ひと煮立ちさせる。

3回目

## たらと小松菜のとろとろうどん

**材料**

- たら…10g
- 小松菜…10g
- 玉ねぎ…10g
- ゆでうどん…60g
- だし汁…100mℓ
- 片栗粉…適量

**作り方**

1 たらはゆでて、骨を取り除きほぐしておく。
2 小松菜と玉ねぎはやわらかくゆでて、みじん切りにする。
3 うどんはやわらかくゆでで、1cmの長さに切る。
4 小鍋に1、2、3、だし汁を入れてひと煮立ちさせる。
5 4に水溶き片栗粉を加えてとろみをつける。

## かぼちゃ茶巾

**材料**

- かぼちゃ…25g
- 玉ねぎ…5g
- バター（無塩）…小さじ1/4程度
- しらす…5g

**作り方**

1 かぼちゃの種と皮を除き、小さく切ってゆでる。またはシリコンスチーマーを使って電子レンジでやわらかくなるまで加熱し、マッシュする。
2 玉ねぎをみじん切りにして、フライパンに薄く溶かしたバターをひいて、やわらかくなるまで炒める。
3 しらすは、茶こしやザルに入れ、湯通しして塩抜きし、細かくきざむ。
4 1、2、3すべてを混ぜ合わせて、6等分に。ひとつずつラップで丸く包み、上部をキュッとしぼる。



●献立はあくまでサンプルです。赤ちゃんの成長や発達に合わせて無理なく進めましょう。●赤ちゃんが食物アレルギーの診断を受けている、または疑いのある場合は必ず医師と相談の上進めてください。●レシピの食材は旬のものや自宅にあるものに置き換えてもかまいません（ただし、この時期に食べられる食材かどうかチェックしましょう）。

# 2日目

〈後期〉
## 9～11カ月ごろ（前半）

3回食

### 1回目

主食

## 5倍がゆ
## 90g

▶P122

主菜 卵

## わかめの卵とじ

**材料**
- わかめ（乾燥）…小さじ1/2
- 玉ねぎ…15g
- だし汁…30mℓ
- 卵黄…1個分

**作り方**
1. わかめは水で戻す。
2. 1と玉ねぎをやわらかくゆで、みじん切りにする。
3. 小鍋にだし汁、2を入れ、ひと煮立ちさせる。
4. 3に溶いた卵黄をまわし入れ、よく火を通す。

副菜

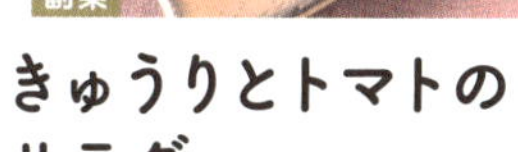

## きゅうりとトマトのサラダ

**材料**
- きゅうり…10g
- トマト…10g

**作り方**
1. きゅうりは皮をむいて、2～3mm角のみじん切りにする。
2. トマトは湯むきして種を取り除き、2～3mm角のみじん切りにする。
3. 1と2を混ぜ合わせる。

### 2回目

主食 小麦 乳製品

## チーズとかぼちゃのパンがゆ

**材料**
- プロセスチーズ…15g
- かぼちゃ…15g
- 食パン（8枚切）…1/2枚
- 牛乳…30mℓ

**作り方**
1. プロセスチーズは1cmくらいの角切りにする。
2. 食パンの耳を取り除き、細かく手でちぎる。
3. かぼちゃは皮を取り除き、5mm角に切ってラップをかけ、電子レンジで30秒加熱する。
4. 鍋に1、2、3、牛乳を入れ、ひと煮立ちさせる。

主菜

## 肉だんご
## 2～3個

**材料（12個分）**
- 玉ねぎ…10g
- 豆腐（絹ごし）…15g
- 豚ひき肉…50g
- 片栗粉…10g

**作り方**
1. 玉ねぎはみじん切りにする。
2. 1とすべての材料を合わせ、粘りが出るまでよく混ぜる。
3. 鍋にお湯を沸騰させ、2のタネをスプーンですくいながら丸めてお湯に落とし、しっかりゆでる。

3回目

小麦 主食

## 食パン

**材料**

- 食パン（8枚切り）…1/2枚〜2/3枚

**作り方**

1 食パンは耳を除き、1〜1.5cm角に切る。

## レバーペースト

**材料**

- 鶏レバー…10g
- 牛乳…適量
- 玉ねぎ…10g
- 片栗粉…適量

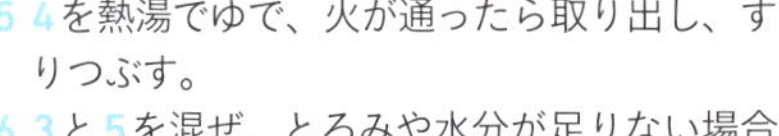

主菜 乳製品

**作り方**

1 鶏レバーをそぎ切りにし、脂肪やすじを取り除く。
2 1を水にさらして血抜きする。
3 玉ねぎをゆで、やわらかくなったら取り出し、みじん切りにしてすりつぶす。
4 2のレバーを水からあげ、牛乳に10分間つける。
5 4を熱湯でゆで、火が通ったら取り出し、すりつぶす。
6 3と5を混ぜ、とろみや水分が足りない場合は水溶き片栗粉を足し、とろみがつくまで煮る。

副菜

## 角切りりんご

**材料**

- りんご…1/8個
- レモン汁…少々

**作り方**

1 りんごの皮をむき、厚さ5mm程度の角切りにしてレモン汁をしぼる。
2 りんごを耐熱皿に入れ、ラップをかけて電子レンジで1分ほど加熱する（※1）。

※1 りんごの固さによって加熱時間は調節してください。



●献立はあくまでサンプルです。赤ちゃんの成長や発達に合わせて無理なく進めましょう。●赤ちゃんが食物アレルギーの診断を受けている、または疑いのある場合は必ず医師と相談の上進めてください。●レシピの食材は旬のものや自宅にあるものに置き換えてもかまいません（ただし、この時期に食べられる食材かどうかチェックしましょう）。

# 3日目

〈後期〉
## 9~11カ月ごろ（前半）

1回目

主食

### 5倍がゆ
90g

▶P122

### ぶりのとろとろ

材料
- ぶり（刺身）…2切れ
- だし汁…50mℓ
- 片栗粉…適量

作り方
1 ぶりをゆでて身をほぐす。
2 小鍋に1とだし汁を入れ、ひと煮立ちさせる。
3 2に水溶き片栗粉を加え、とろみをつける。

### わかめとほうれん草ののりあえ

材料
- わかめ（乾燥）…小さじ1/2
- ほうれん草…15g
- 焼きのり…少々
- だし汁…10mℓ

作り方
1 わかめは水で戻す。
2 わかめとほうれん草をやわらかくゆでて、みじん切りする。
3 2と細かく刻んだのりを混ぜ合わせる。
4 3にだし汁を加えて、のばす。

2回目

### ピーマンそうめんチャンプル

材料
- そうめん…20g
- ピーマン…10g
- 玉ねぎ…10g
- にんじん…10g
- 鶏ささみ…10g
- 醤油…2滴
- 油…少々

作り方
1 そうめんは1cmに折り、やわらかくゆで、流水でよく洗い塩抜きをする。
2 ピーマンの種、わた、ヘタを取り除き、ラップに包んで電子レンジで30秒加熱する。
3 2をすぐに冷水にさらし、皮をむき、みじん切りにする。
4 玉ねぎ、にんじんはやわらかくゆで、短いせん切りにする。
5 鶏ささみはゆでて、身をほぐす。
6 フライパンに薄く油をひき、1、3、4、5を入れ軽く炒める。
7 6に醤油を加え、軽く炒める。

主菜　乳製品

### きなこいもボール

材料
- さつまいも…30g
- 粉ミルク（調乳済のもの）…5mℓ
- きなこ…適量

作り方
1 さつまいもは適当な大きさに切り、ゆでてすりつぶす。
2 1にミルクを加え、なめらかに混ぜ合わせる。
3 2を手で小さくまとめ、きなこをまぶす。

3 回目

## トマトチーズのパンがゆ

**材料**

- ブロッコリー… 10g
- トマト…20g
- 鶏ささみ…10g
- 食パン（8枚切り）…2/3枚
- 野菜スープ…50㎖
- 粉チーズ…少々

**作り方**

1 ブロッコリーをみじん切りにする。
2 トマトは湯むきして種を取り除き、みじん切りにする。
3 1、2、鶏ささみ、野菜スープを耐熱皿に入れ、ラップをかけて電子レンジで1分ほど加熱し、鶏ささみを取り出し身をほぐす。
4 食パンの耳を切り落とし、手で適当な大きさにちぎる。
5 3、4を器に入れ、食パンをふやかす。
6 5に粉チーズをかける。

## りんごにんじんヨーグルト

**材料**

- りんご… 1/8個
- にんじん …10g
- ヨーグルト（無糖）…20g

**作り方**

1 りんごの皮をむいて5㎜角に切り、耐熱容器に入れラップをかけて電子レンジで1～2分加熱する。
2 にんじんの皮をむいてみじん切りにする。
3 耐熱容器に2、水大さじ3を入れてラップをかけ電子レンジで3～4分加熱し、水気を切る。
4 1と3を混ぜ合わせ、上からヨーグルトをかける。

※にんじんの加熱時間は、にんじんの固さを見ながら調整してください。



● 献立はあくまでサンプルです。赤ちゃんの成長や発達に合わせて無理なく進めましょう。● 赤ちゃんが食物アレルギーの診断を受けている、または疑いのある場合は必ず医師と相談の上進めてください。● レシピの食材は旬のものや自宅にあるものに置き換えてもかまいません（ただし、この時期に食べられる食材かどうかチェックしましょう）。

# 4日目

〈後期〉

9～11カ月ごろ（前半）

1回目

主食　小麦

## 食パン

▶P127

## ぶりのミルクシチュー

**材料**

- ぶり（刺身）… 1切れ
- インゲン… 10g
- 玉ねぎ… 10g
- 牛乳… 50mℓ
- 片栗粉… 適量

**作り方**

1 ぶりはゆでてほぐす。
2 インゲンと玉ねぎをやわらかくゆでてみじん切りにする。
3 小鍋に1、2、牛乳を入れてひと煮立ちさせる。
4 3に水溶き片栗粉を加えてとろみがつくまで煮る。

2回目

主食

## 5倍がゆ
## 90g

▶P122

## ピーマンと玉ねぎの卵あん

**材料**

- ピーマン…10g
- 玉ねぎ…10g
- もやし…10g
- だし汁…40mℓ
- 卵…1/2個
- 片栗粉…適量

**作り方**

1 ピーマンの種、わた、ヘタを取り除き、ラップに包んで電子レンジで30秒加熱する。
2 1をすぐに冷水にさらし、皮をむき、みじん切りにする。
3 玉ねぎ、もやしは粗くみじん切りにする。
4 小鍋にだし汁、2、3を入れひと煮立ちさせ、溶いた卵をまわし入れる。
5 4に水溶き片栗粉を加え、とろみがつくまで煮る。

## 3回目

小麦 主食

## 豆腐と鶏肉のあんかけうどん

**材料**

- にんじん…10g
- ほうれん草…10g
- 鶏ひき肉…15g
- だし汁…60mℓ
- 片栗粉…5g
- ゆでうどん…60g
- 豆腐(絹ごし)…15g

**作り方**

1 にんじん、ほうれん草をゆでてみじん切りにする。うどんはゆでて1～2cmに切る。
2 鶏ひき肉をフライパンで炒める。
3 2にだし汁でといた片栗粉を加える。
4 3に1、くずした豆腐を加えて、やわらかくなるまで煮こむ。

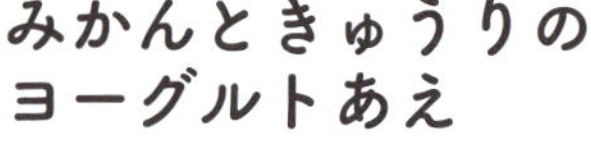


## みかんときゅうりのヨーグルトあえ

副菜 乳製品

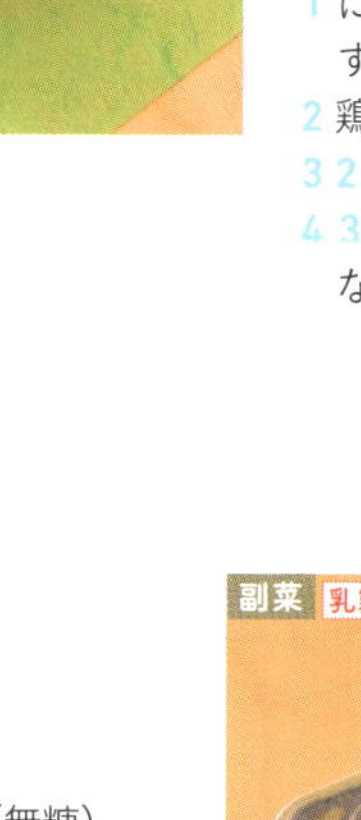

**材料**

- みかん…20g
- きゅうり…15g
- ヨーグルト(無糖)…30g

**作り方**

1 みかんの薄皮を取り除き、みじん切りにする。
2 きゅうりをみじん切りにする。
3 2を耐熱皿に入れ、ラップをかけて電子レンジで約20秒加熱する。
4 3を器に移し、1、ヨーグルトを加えて、よくあえる。

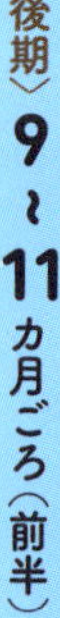


● 献立はあくまでサンプルです。赤ちゃんの成長や発達に合わせて無理なく進めましょう。● 赤ちゃんが食物アレルギーの診断を受けている、または疑いのある場合は必ず医師と相談の上進めてください。● レシピの食材は旬のものや自宅にあるものに置き換えてもかまいません(ただし、この時期に食べられる食材かどうかチェックしましょう)。

# 5日目

〈後期〉

# 9~11カ月ごろ（前半）

1回目

主食

## 5倍がゆ

90g

▶P122

主菜

## 牛肉ときゅうりのスープ

**材料**

- 牛肉（薄切り）…10g
- きゅうり…10g
- にんじん…10g
- 水…60mℓ
- コンソメ（赤ちゃん用）…2g
- 片栗粉…適量
- すりごま…適量

**作り方**

1 牛肉は脂身、すじを取り除いて、ゆでて火を通し、みじん切りにする。
2 きゅうり、にんじんは皮をむき、5cm角に切り、ゆでる。
3 小鍋に、1、2、水、コンソメを入れ、材料に火が通るように煮こむ。
4 3に水溶き片栗粉を加えてとろみがつくまで煮る。
5 4を器に盛り、上にすりごまをかける。

## じゃがいもとツナのチーズボール

**材料**

- じゃがいも…30g
- プロセスチーズ…10g
- ツナ（ノンオイル）… 大さじ1/2

**作り方**

1 じゃがいもの皮をむき、0.5〜1cm角程度にカットして耐熱皿に入れ、少量の水を加えてラップをかけ、やわらかくなるまで電子レンジで加熱する。
2 プロセスチーズを5mm角程度の大きさに切っておく。
3 ツナに沸騰したお湯をかけて湯通しする。
4 1がやわらかくなったら水分を捨て、スプーンなどでつぶす。
5 4に2、3を加えて混ぜ、ひと口サイズに丸める。

## 2回目

主食 小麦 乳製品

### きなこパン

**材料**

- 食パン（8枚切り）…1/2枚
- きなこ…5g
- 牛乳…10mℓ
- すりごま…2g
- バター…少々

**作り方**

1 食パンは耳を取り、食べやすい大きさに切る。
2 1を牛乳にひたす。
3 あたためたフライパンに薄くバターをひき、2の両面に焼き色がつくように焼く。
4 3にきなことすりごまをかける。

主菜

### 大根と鶏のトマト煮込み

**材料**

- 大根…40g
- 塩…少々
- 鶏ひき肉…15g
- 油…少々
- カットトマト缶…15g

**作り方**

1 大根は皮をむき、5〜7㎜角に切る。
2 鍋に油を薄くひき、鶏ひき肉を炒め、色が変わったら、1を加える。
3 2にひたひたの水を入れ、大根がやわらかくなるまで煮る。
4 大根がやわらかくなったら、3にトマト缶と塩を加えてひと煮立ちさせる。

## 3回目

主食

### 5倍がゆ 90g

▶P122

主菜

### かれいバーグ

**材料（2食分）**

- かれい…20g
- 片栗粉…5g
- 玉ねぎ…10g
- 醤油…3滴
- ブロッコリー…5g
- 油…少々
- もめん豆腐…20g

**作り方**

1 かれいをゆでて、身をほぐす。
2 玉ねぎとブロッコリーはゆでてみじん切りにする。
3 ボウルに1、2、豆腐、片栗粉、醤油を入れて混ぜ合わせる。
4 フライパンに油をひいて、3のタネをスプーンで落として両面をこんがりと焼く。

副菜

### もやしとにんじんのあんかけ

**材料**

- もやし…20g
- だし汁…30mℓ
- にんじん…5g
- 片栗粉…適量

**作り方**

1 もやしのひげ根と豆を取り除く。
2 1とにんじんをやわらかくゆで、みじん切りにする。
3 小鍋にだし汁と2を入れ、ひと煮立ちさせる。
4 3に水溶き片栗粉を加え、とろみがつくまで煮る。

● 献立はあくまでサンプルです。赤ちゃんの成長や発達に合わせて無理なく進めましょう。● 赤ちゃんが食物アレルギーの診断を受けている、または疑いのある場合は必ず医師と相談の上進めてください。● レシピの食材は旬のものや自宅にあるものに置き換えてもかまいません（ただし、この時期に食べられる食材かどうかチェックしましょう）。

3回食

1回目

## 食パン

▶P127

## かれいのピカタ

**材料(2食分)**

- かれい…30g
- 塩…少々
- 青のり…適量
- 小麦粉…適量
- 卵…1/2個
- バター…少量

**作り方**

1 かれいは食べやすい大きさに切って、骨があれば取り除く。
2 1に塩、青のり、小麦粉をまぶす。
3 卵を割りほぐし、2をくぐらせる。
4 フライパンでバターを溶かし、3を両面焼く。

## ポテトサラダ

**材料**

- じゃがいも…30g
- にんじん…10g
- ブロッコリー…10g
- ヨーグルト(無糖)…15mℓ

**作り方**

1 じゃがいもとにんじんの皮をむき、5mm角に切り、ゆでたら水気を切る。
2 ブロッコリーは茎を取り除き、花蕾の部分をゆでてみじん切りにする。
3 1、2、ヨーグルトを混ぜ合わせる。

## 2回目

主食

### 5倍がゆ 90g

▶P122

主菜

### 牛ひき肉となすの炒めもの

**材料**
- なす…30g
- 牛ひき肉…20g
- だし汁…30mℓ
- 油…少々

**作り方**
1 なすは皮をむいて粗くみじん切りにし、5分ほど水にさらしてアク抜きをし、電子レンジで1分程度加熱する。
2 フライパンに薄く油をひいて、牛ひき肉を炒める。
3 2に1とだし汁を加え、軽く煮立たせ、水分を飛ばす。

副菜

### 里芋とにんじんの味噌煮

**材料**
- 里芋…20g
- にんじん…15g
- だし汁…30mℓ
- 味噌…少量

**作り方**
1 里芋を洗い、皮がついたままラップで包み、電子レンジで約3分加熱する。
2 1の皮をむき、5mm角に切る。
3 にんじんはやわらかくゆで、5mm角に切る。
4 小鍋に2、3、だし汁、味噌を入れ、ひと煮立ちさせる。

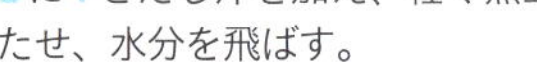

## 3回目

主食 小麦

### 豆乳の蒸しパン　青のり風味

**材料**
- とうもろこし…10粒
- ホットケーキミックス…30g
- 青のり…小さじ1/2
- 豆乳…20mℓ

**作り方**
1 とうもろこしはゆでて、粒に分け、細かくみじん切りにする。
2 1とホットケーキミックス、青のり、豆乳を混ぜる。
3 2のタネをカップに流し込み、蒸し器で蒸すか、スチーマーに入れて電子レンジで約2分加熱する。

主菜

### トマトと小松菜としらすのサラダ

**材料**
- しらす…10g
- 小松菜…15g
- トマトペースト…30g ▶P56

**作り方**
1 しらすは茶こしなどに入れ、湯通しして塩抜きし、細かくきざむ。
2 小松菜をやわらかくゆでたら冷水にさらし、水気をしぼって細かくきざむ。
3 1と2にトマトペーストをあえる。



● 献立はあくまでサンプルです。赤ちゃんの成長や発達に合わせて無理なく進めましょう。● 赤ちゃんが食物アレルギーの診断を受けている、または疑いのある場合は必ず医師と相談の上進めてください。● レシピの食材は旬のものや自宅にあるものに置き換えてもかまいません（ただし、この時期に食べられる食材かどうかチェックしましょう）。

3回食

1回目

小麦 乳製品 主食

## ツナのナポリタン

**材料**

- 玉ねぎ…10g
- ピーマン…5g
- スパゲティ…20g
- ツナ（ノンオイル）…15g
- トマトジュース（無塩）…20mℓ
- 塩…少々
- 粉チーズ…適量
- 油…少々

**作り方**

1 玉ねぎの皮をむき、長さ5cmの薄切りにする。
2 ピーマンは種を取り除いて、長さ5cmのせん切りにする。
3 スパゲティは1cm長さに折って、やわらかくゆでる。
4 ツナは水気を切って身をほぐしておく。
5 フライパンに薄く油をひき、1、2、4を入れて炒める。
6 5に3のスパゲティとトマトジュースを加えてさらに炒める。
7 6に塩を加えて味をととのえ、粉チーズをかける。

## 野菜スティックのコンソメ風味

副菜

**材料**

- にんじん（5cm×1cm）…2本
- 大根（5cm×1cm）…2本
- きゅうり（5cm×1cm）…2本
- コンソメ（赤ちゃん用）…2g

**作り方**

1 小鍋に、にんじん、大根、きゅうりを入れたら、かぶるくらいの水を入れて、やわらかくゆでる。
2 1にコンソメを加え軽く煮こむ。
3 2の粗熱が取れたら、食べやすいように半分の細さにカットする。

## 2回目

# 豆乳と小松菜のフレンチトースト

主食 卵 小麦 乳製品

**材料**

- 小松菜…10g
- 卵…1/2個
- 豆乳…20mℓ
- てんさい糖…1g
- 食パン（8枚切り）…3/4枚
- バター…適量

**作り方**

1. 小松菜はゆでて細かくみじん切りする。
2. ボウルに卵を割りほぐし、1、豆乳、てんさい糖を混ぜ合わせる。
3. 食パンの耳を取り除き、食べやすい大きさにカットして2にひたす。
4. フライパンにバターを溶かし、3をこんがりと焼く。

主菜 乳製品

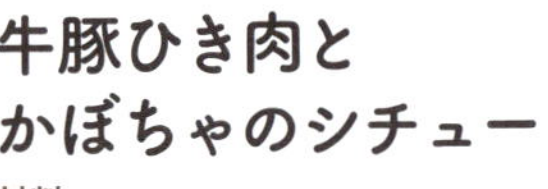

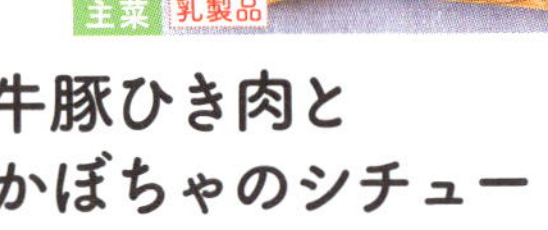

# 牛豚ひき肉とかぼちゃのシチュー

**材料**

- かぼちゃ…10g
- ほうれん草…10g
- 牛豚ひき肉…15g
- 牛乳…60mℓ
- 片栗粉…適量
- 油…少々

**作り方**

1. かぼちゃはゆでて、マッシュする。
2. ほうれん草はゆでて冷水にさらし、水気をしぼってみじん切りにする。
3. フライパンに薄く油をひき、ひき肉を炒め、火が通ったら牛乳を加える。
4. 3に1、2を加え、混ぜながらよく煮こむ。
5. 水溶き片栗粉を加え、とろみがつくまで煮る。

## 3回目

主食

# 5倍がゆ 90g

▶P122

主菜

# 里芋の鶏だんご

**材料**

- 鶏ひき肉…10g
- 里芋…20g
- 青のり…少量
- すりごま…少量

**作り方**

1. 鶏ひき肉をゆでる。
2. 里芋を洗い、皮がついたままラップで包み、電子レンジで約3分加熱する。
3. 2の皮をむき、フォークの背などでつぶす。
4. 1と3を混ぜ合わせ、だんご状に丸める。
5. 4に青のりやすりごまをまぶす。

副菜

# 梨入りサラダ

**材料**

- 梨…15g
- トマト…10g
- キャベツ…10g

**作り方**

1. 梨とトマトはそれぞれ皮をむいて芯、種を取り除き、2〜3mm角に切る。
2. キャベツはやわらかくゆで、軽くしぼってから2〜3mm角に切る。
3. 1、2を混ぜ合わせる。



●献立はあくまでサンプルです。赤ちゃんの成長や発達に合わせて無理なく進めましょう。●赤ちゃんが食物アレルギーの診断を受けている、または疑いのある場合は必ず医師と相談の上進めてください。●レシピの食材は旬のものや自宅にあるものに置き換えてもかまいません（ただし、この時期に食べられる食材かどうかチェックしましょう）。

# 8日目

〈後期〉
9～11カ月ごろ（前半）

主食 小麦

## ツナとトマトのサンドイッチ

**材料**

- トマト…1/8個
- ツナ（ノンオイル）…10g
- サンドイッチ用食パン…1枚

**作り方**

1 トマトを湯むきし、種を取り除き、みじん切りにする。
2 ツナは水気を切ってほぐす。
3 1、2を混ぜ合わせ、電子レンジで約30秒加熱する。
4 食パンを半分に切り、3の具材をはさんで食べやすい大きさに切る。

副菜

## ズッキーニ入りスープ

**材料**

- ズッキーニ…10g
- にんじん…10g
- キャベツ…10g
- 野菜スープ…30mℓ

**作り方**

1 ズッキーニは皮をむいて5mm角に切り、水にさらしてアク抜きをしてゆでる。
2 にんじん、キャベツは粗いみじん切りにする。
3 1、2、野菜スープを鍋に入れひと煮立ちさせる。

2回目

主食

## 5倍がゆ 90g

▶P122

主菜 小麦 乳製品

## たらの和風ムニエル

**材料**

- たら（切り身）…1切れ（15g）
- 小麦粉…適量
- 青のり…適量
- バター…5g
- 醤油…3滴

**作り方**

1 たらは骨がないか確認し、食べやすい大きさにカットする。
2 1に小麦粉と青のりをまぶす。
3 フライパンにバターを溶かし、2を入れ両面をしっかりと焼く。
4 醤油をうすくぬる。

副菜

## 高野豆腐とモロヘイヤの味噌汁

**材料**

- 高野豆腐…2g
- モロヘイヤ…5g
- だし汁…60mℓ
- 味噌…少々

**作り方**

1 高野豆腐をおろし金ですりおろす。
2 モロヘイヤはやわらかくゆでみじん切りにする。
3 小鍋にだし汁を入れてあたため、1を入れて、高野豆腐がフワフワになるまで煮る。
4 3に味噌を溶かし、2を加えて、ひと煮立ちさせる。

3 回目

主食

## 5倍がゆ
90g

▶P122

## オムレツトマトソースがけ

主菜 卵 乳製品

**材料**
- 玉ねぎ…10g
- にんじん…10g
- 鶏ひき肉…15g
- 溶き卵…1/2個
- 牛乳…10mℓ
- バター…適量
- トマト…10g

**作り方**
1 玉ねぎ、にんじんはみじん切りにし、鶏ひき肉と水大さじ1と一緒に耐熱容器に入れラップをかけて電子レンジで1分ほど加熱し、水気を切る。
2 ボウルに1、溶き卵、牛乳を加えてよく混ぜる。
3 フライパンにバターを溶かし、2を流し入れて中に火が通るまで焼く。
4 トマトは湯むきして種を取り除き、みじん切りにする。
5 3を器に盛り、その上に4をかける。

乳製品 副菜

## 山芋のヨーグルトサラダ

**材料**
- 山芋…10g
- にんじん…10g
- ブロッコリー…5g
- ヨーグルト（無糖）…10g

**作り方**
1 山芋はすりおろし、水小さじ1を混ぜ電子レンジで30秒ほど加熱する（※1）。
2 にんじん、ブロッコリーはやわらかくゆで、みじん切りにする。
3 1、2とヨーグルトをよく混ぜ合わせる。

※1 山芋の他に、長芋でも同様に作れます。

● 献立はあくまで サンプルです。赤ちゃんの成長や発達に合わせて無理なく進めましょう。● 赤ちゃんが食物アレルギーの診断を受けている、または疑いのある場合は必ず医師と相談の上進めてください。● レシピの食材は旬のものや自宅にあるものに置き換えてもかまいません（ただし、この時期に食べられる食材かどうかチェックしましょう）。

# 9日目

〈後期〉
9~11カ月ごろ（前半）

1回目

## にんじんホットケーキ

**材料（4~5食分）**

- ホットケーキミックス…100g
- 卵…1個
- 無調整豆乳…65mℓ
- にんじんペースト…40g ▶P61
- 油…少々

**作り方**

1 ボウルにホットケーキミックス、卵、豆乳を入れ、泡立て器でかき混ぜる。
2 1に、にんじんペーストを入れ、さらに混ぜる。
3 フライパンに薄く油をひき、4~5等分して生地を流し入れる。
4 表面にプツプツと泡が立ってきたら、ひっくり返して裏面も焼く。

## 山芋とツナの煮物

**材料**

- ほうれん草…20g
- 水…50mℓ
- ツナ（ノンオイル）…15g
- 山芋ペースト…10g ▶P142
- 醤油…2滴

**作り方**

1 ほうれん草はゆでて水にさらして絞りみじん切りにする。
2 小鍋に水を沸騰させ、1、ツナ、山芋ペーストを入れ、ひと煮立ちさせる。
3 2に醤油を垂らして風味をつける。

2回目

主食

## 5倍がゆ 90g

▶P122

## オクラと鯛のあんかけ

**材料**

- オクラ…15g
- もやし…5g
- だし汁…20mℓ
- 鯛…10g

**作り方**

1 オクラは種を取り除き、粗めのみじん切りにする。
2 もやしを粗めのみじん切りにする。
3 小鍋にだし汁と水適量を入れて沸騰させ、1、2を加えてやわらかく煮る。
4 3に鯛を加え、よく火を通す。

副菜

## 豆腐の味噌汁

**材料**

- 豆腐（絹ごし）…20g
- 小松菜…10g
- だし汁…100mℓ
- 味噌…少量

**作り方**

1 豆腐を電子レンジで1分ほど加熱して水気を切り、みじん切りにする。
2 小松菜をゆでて、細かくきざむ。
3 1と2とだし汁を小鍋に入れて加熱する。
4 沸騰したら火を止めて、味噌を溶きながら加える。

3回目

## しいたけのクリームパスタ

**材料**

- スパゲティ…20g
- しいたけ…10g
- 玉ねぎ…10g
- 鶏ひき肉…10g
- ホワイトソース…30g
- 塩…少々
- 油…少々

**作り方**

1 スパゲティは1cmほどに折って、やわらかくゆでる。
2 しいたけ、玉ねぎは小さく薄切りにする。
3 薄く油をひいたフライパンで、鶏ひき肉、2を炒める。
4 3にホワイトソース、塩を加えてからめる。
5 1を器に盛り、上に4をかける。

### ホワイトソースの作り方

**材料(作りやすい分量)**

- バター(無塩)…大さじ2
- 小麦粉…大さじ2
- 牛乳または豆乳または調乳済の粉ミルク…200mℓ

**作り方**

1 弱火にかけたフライパンにバターを熱し、溶けたら小麦粉を加えて手早く混ぜる。
2 バターが泡立ってきたら火を止め、牛乳を一気に加えてよく混ぜる。
3 再び弱火にかけ、とろみがつくまで混ぜながら煮る。

## しらすとほうれん草の卵とじ

**材料**

- しらす…5g
- ほうれん草…15g
- 卵…1/3個
- だし汁…10mℓ
- 油…少々

**作り方**

1 しらすは茶こしに入れ、熱湯をかけて塩抜きをする。
2 ほうれん草を下ゆでし、水気をしっかり切って細かくきざむ。
3 卵とだし汁をしっかりと混ぜる。
4 1、2、3をすべて混ぜ、薄く油をひいたフライパンで炒める。



●献立はあくまで サンプルです。赤ちゃんの成長や発達に合わせて無理なく進めましょう。●赤ちゃんが食物アレルギーの診断を受けている、または疑いのある場合は必ず医師と相談の上進めてください。●レシピの食材は旬のものや自宅にあるものに置き換えてもかまいません(ただし、この時期に食べられる食材かどうかチェックしましょう)。

# 10日目

〈後期〉
9~11カ月ごろ（前半）　3回食

1回目

主食

## 5倍がゆ

90g

▶P122

## 山芋のふわふわ鶏だんご

主菜

**材料（2食分）**

- にんじん…10g
- 山芋ペースト…10g
- 鶏ひき肉…30g
- 片栗粉…3g

**作り方**

1 にんじんはすりおろし、電子レンジで1分加熱する。
2 ボウルにすべての材料を入れ、混ぜ合わせる。
3 2をひと口大になるように、スプーンなどで丸めて成形する。
4 沸騰したお湯で3をゆでる。

※山芋のほかに、長芋でも同様に作れます

**山芋ペーストの作り方**
皮をむき、やわらかくなるまでゆで、すりおろす。湯を足し、とろみを調整する。

## みかんのコールスローサラダ

乳製品　副菜

**材料**

- みかん…15g
- キャベツ…15g
- きゅうり…5g
- にんじん…5g
- プロセスチーズ…5g

**作り方**

1 みかんの薄皮を取り除き、食べやすい大きさにカットする。
2 キャベツを粗めのみじん切りにする。
3 きゅうりとにんじんを薄切りにする。
4 チーズを粗めのみじん切りにする。
5 2と3を耐熱皿に入れ、水大さじ1をかけてラップをかけ、電子レンジで約30秒加熱する。
6 1、4、5を混ぜ合わせる。

2回目

## オクラの和風スパゲティ

**材料**

- スパゲティ…20g
- 鶏ささみ…10g
- 大根…10g
- だし汁…10㎖
- オクラ…20g

**作り方**

1 スパゲティは、1㎝程度に折り、やわらかくゆでる。
2 大根をすりおろす。
3 オクラはゆでて種を取り除き、薄切りにする。
4 鶏ささみはゆでて、身をほぐす。
5 1、2、3、4とだし汁をあえる。

## 柿の白あえ

**材料**

- 豆腐（絹ごし）…30g
- しらす…10g
- 柿…20g
- ほうれん草…10g

**作り方**

1 豆腐を手で適当につぶし、キッチンペーパーなどの上に置き、水切りをする。
2 柿は皮をむき、種を取り除いて、おろし金ですりおろす。
3 しらすは熱湯で塩抜きして、細かく切る。
4 ほうれん草を粗めのみじん切りにし、耐熱皿に水大さじ1と入れてラップをかけて電子レンジで約20秒加熱し水気を切る。
5 1、2、3を耐熱皿に入れ、ラップをかけ電子レンジで約30秒加熱する。
6 5に4を加えてよく混ぜ合わせる。

3回目

## 枝豆の味噌パンがゆ

**材料**

- ゆで枝豆…10g
- だし汁…100㎖
- 食パン（8枚切り）…2/3枚
- 味噌…少々

**作り方**

1 枝豆は粗めのみじん切りにする。
2 食パンの耳を切り落とし、手で適当な大きさにちぎる。
3 小鍋にだし汁を入れ火にかけ、1、2を加える。
4 3に味噌少々を溶かし入れ、ひと煮立ちさせる。

## レバーヨーグルト

**材料**

- レバーペースト…10g ▶P127
- ヨーグルト（無糖）…15g

**作り方**

1 レバーペーストとヨーグルトを混ぜ合わせる。



●献立はあくまでサンプルです。赤ちゃんの成長や発達に合わせて無理なく進めましょう。●赤ちゃんが食物アレルギーの診断を受けている、または疑いのある場合は必ず医師と相談の上進めてください。●レシピの食材は旬のものや自宅にあるものに置き換えてもかまいません（ただし、この時期に食べられる食材かどうかチェックしましょう）。

# 11日目

〈後期〉
9~11カ月ごろ（前半）

## 1回目

### ニラのおかゆ

**材料**
- ニラ…5g
- ご飯…50g
- だし汁…60mℓ
- 味噌…1g

**作り方**
1 ニラはやわらかくゆでて、みじん切りにし、すり鉢ですりつぶす。
2 小鍋にだし汁を入れて火にかけ、ご飯を入れて煮こみ、味噌を溶かす。
3 器に盛りつけ、1のニラペーストをのせる。

### スクランブルエッグのコンソメ煮

**材料**
- 玉ねぎ…15g
- トマト…15g
- オリーブオイル…少量
- 溶き卵…1/2個分
- コンソメ（赤ちゃん用）…2g
- 水…50mℓ

**作り方**
1 玉ねぎはゆでて、トマトは湯むきして種を取り除き、みじん切りにする。
2 小さめのフライパンにオリーブオイルを薄くひき、卵を流し入れてスクランブルエッグを作る。
3 2に1、コンソメ、水を加えひと煮立ちさせる。

## 2回目

### 豚肉と野菜のにゅうめん

**材料**
- にんじん…5g
- 白菜…10g
- そうめん…20g
- 豚肉（モモ）…10g
- 片栗粉…少々
- だし汁…100mℓ

**作り方**
1 にんじんと白菜は、ゆでて短めのせん切りにする。
2 そうめんは1cmに折って、やわらかくゆでて、流水でよく洗い塩抜きをする。
3 豚肉は脂身を取り除き、粗みじん切りにする。
4 3に片栗粉をまぶし、なじませる。
5 鍋にだし汁を入れて火にかけ、煮立ったら4を加える。
6 5に1と、2を加えて、ひと煮立ちさせる。

### バナナとさつまいものチーズあえ

**材料**
- さつまいも…30g
- バナナペースト…30g ▶P52
- カッテージチーズ…10g ▶P115

**作り方**
1 さつまいもは、スライスしてやわらかくなるまでゆでる。
2 1をすり鉢に入れて粗めにすりつぶす。
3 2とバナナペースト、カッテージチーズをあえる。

3回目

主食

## 5倍がゆ

## 90g

▶P122

## 鯛つみれの和風スープ

主菜

**材料**

- 玉ねぎ…10g
- 豆腐(絹ごし)…15g
- ほうれん草…5g
- 片栗粉…5g
- 鯛(刺身)…2切れ
- だし汁…100mℓ

**作り方**

1 玉ねぎ、ほうれん草は細かくみじん切りにする。
2 1と鯛、豆腐をミキサーやブレンダーで混ぜるか、すりつぶして混ぜ合わせる。
3 2に片栗粉を入れ、さらに混ぜる。
4 鍋にだし汁を沸騰させ、3をひと口大に丸めて入れ、火が通るまで煮る。

乳製品 副菜

## 玉ねぎ入りかぼちゃサラダ

**材料**

- 玉ねぎ…10g
- かぼちゃ…20g
- ブロッコリー…10g
- ヨーグルト(無糖)…5g

**作り方**

1 玉ねぎはゆでて、みじん切りにする。
2 ブロッコリーをゆで、花蕾の部分を細かく切る。
3 かぼちゃはゆでてつぶしておく。
4 1、2、3、ヨーグルトをあえる。



● 献立はあくまでサンプルです。赤ちゃんの成長や発達に合わせて無理なく進めましょう。● 赤ちゃんが食物アレルギーの診断を受けている、または疑いのある場合は必ず医師と相談の上進めてください。● レシピの食材は旬のものや自宅にあるものに置き換えてもかまいません(ただし、この時期に食べられる食材かどうかチェックしましょう)。

# 12日目

〈後期〉
## 9~11カ月ごろ(前半)　3回食

### 1回目

主食

### 5倍がゆ
90g

▶P122

主菜　乳製品

### レンコンと納豆のおやき

**材料**

- レンコンペースト…20g ▶P94
- 納豆(ひき割り)…10g
- 片栗粉…2g
- 粉チーズ…2g
- 油…少々

**作り方**

1 油以外の材料をすべて混ぜ合わせ、食べやすい大きさに成形する。
2 フライパンに薄く油をひいて1をこんがりと焼く。

### 枝豆のしらすあえ

**材料**

- 枝豆…20g
- しらす…10g
- かつお節…少々

**作り方**

1 枝豆はやわらかくゆで、さやから取り出し、薄皮を取り除いて粗くみじん切りにする。
2 しらすは湯通しして塩気を抜き、粗くみじん切りにする。
3 1、2、かつお節を混ぜ合わせる。

### 2回目

主食　小麦

### そうめんのラタトゥイユ風

**材料**

- そうめん…15g
- 玉ねぎ…10g
- トマト…20g
- 野菜スープ…30mℓ
- なす…10g

**作り方**

1 そうめんは乾燥した状態で細かく折り、やわらかくゆで、流水でよく洗い塩抜きをする。
2 トマトは湯むきし種を取り、7㎜角にカットする。
3 なすと玉ねぎは皮をむき、7㎜角に切る。
4 2と3をやわらかくなるまでゆで、水を切る。
5 1、4、野菜スープを混ぜ合わせる。

主菜　乳製品

### 豚肉のチーズ蒸し

**材料**

- 豚肉(もも)…15g
- とろけるチーズ…1/4枚

**作り方**

1 豚肉はできるだけ脂分を取り除いて、さっとゆで、食べやすいサイズに切る。
2 1を耐熱容器に入れ、上にチーズをのせて電子レンジで20秒程度加熱する。

3 回目

主食

## 5倍がゆ

90g

▶P122

## キャベツと納豆のあえもの

主菜

**材料**

- キャベツ…20g
- 納豆（ひき割り）…1/2パック
- だし汁…大さじ1

**作り方**

1 キャベツの芯を取り除き、みじん切りにする。
2 1に納豆とだし汁を加え、ラップをかけて電子レンジで1分程度加熱する。

副菜

## しいたけの和風スープ

**材料**

- しいたけ…10g
- 玉ねぎ…10g
- にんじん…10g
- だし汁…50mℓ
- 片栗粉…適量

**作り方**

1 しいたけのかさの部分をみじん切りにする。
2 玉ねぎ、にんじんをみじん切りにし、ラップをかけて電子レンジで1分ほど加熱する。
3 小鍋に1、2、だし汁を入れ、材料がやわらかくなるまで煮こむ。
4 3に水溶き片栗粉を加え、とろみをつける。



● 献立はあくまでサンプルです。赤ちゃんの成長や発達に合わせて無理なく進めましょう。● 赤ちゃんが食物アレルギーの診断を受けている、または疑いのある場合は必ず医師と相談の上進めてください。● レシピの食材は旬のものや自宅にあるものに置き換えてもかまいません（ただし、この時期に食べられる食材かどうかチェックしましょう）。

# 13日目

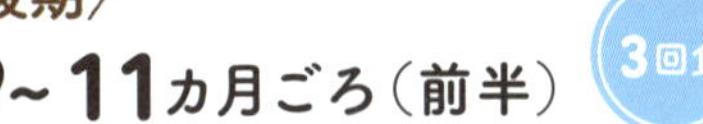

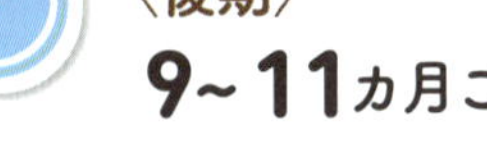

〈後期〉
9～11カ月ごろ（前半）　3回食

## 1回目

### にんじんのパングラタン

**材料**

- にんじん…10g
- 牛乳…20g
- 食パン…20g
- 粉チーズ…適量

**作り方**

1. にんじんはやわらかくゆで、みじん切りにする。
2. 食パンは耳を取って1cm角に切り、牛乳をかけてなじませる。
3. 1と2を混ぜ合わせ、耐熱容器に入れて粉チーズをかける。
4. 3をトースターで2分程度焼く。

### バターコーン

**材料**

- とうもろこし…30g
- バター…少量
- アスパラガス…20g
- 醤油…2滴

**作り方**

1. とうもろこしとアスパラはやわらかくゆで、粗いみじん切りにする。
2. フライパンにバターを溶かし、1を炒め、仕上げに醤油を垂らす。

## 2回目

### 鮭と野菜のチャーハン

**材料**

- 鮭…10g
- 5倍がゆ…90g
- にんじん…10g
- 醤油…1～2滴
- 水…50mℓ
- 油…少々
- 溶き卵…1/2個分

**作り方**

1. 鮭はゆでて皮と骨を取り除き、細かくほぐす。
2. にんじんは、細かくみじん切りにする。
3. フライパンに油をひいて1と2を炒め、水を加えて水気がなくなるまで炒り煮する。
4. 3に溶き卵を加えて全体を混ぜ、5倍がゆ、醤油を加えて混ぜる。

### しいたけとキャベツのあんかけ

**材料**

- キャベツ…15g
- だし汁…50mℓ
- しいたけ…10g
- 片栗粉…適量

**作り方**

1. キャベツはやわらかくゆで、みじん切りにする。
2. しいたけはかさの部分をやわらかくゆで、みじん切りにする。
3. 小鍋に1、2、だし汁を入れ、ひと煮立ちさせる。
4. 3に水溶き片栗粉を加え、とろみがつくまで煮る。

3回目

主食

## 5倍がゆ
90g

▶P122

## 鯛のトマト煮

主菜

**材料**
- 鯛（刺身）…1切れ
- にんじん…10g
- トマト…10g
- 野菜スープ…30㎖

**作り方**
1. 鯛はやわらかくゆで、身をほぐす。
2. トマトは湯むきし、種を取り除きみじん切りにする。
3. にんじんはやわらかくゆでて、みじん切りにする。
4. 小鍋に、野菜スープ、1、2、3を入れ軽く煮こむ。

副菜

## 大根のごまあえ

**材料**
- 大根…30g
- すりごま…適量
- だし汁…小さじ1

**作り方**
1. 大根は、5～7㎜程度の角切りにする。
2. 鍋に1を入れて、ひたひたになる程度の水を加え、やわらかくゆで、水を切る。
3. 2にだし汁とすりごまを加えて、よくあえる。

●献立はあくまでサンプルです。赤ちゃんの成長や発達に合わせて無理なく進めましょう。●赤ちゃんが食物アレルギーの診断を受けている、または疑いのある場合は必ず医師と相談の上進めてください。●レシピの食材は旬のものや自宅にあるものに置き換えてもかまいません（ただし、この時期に食べられる食材かどうかチェックしましょう）。

# 14日目

〈後期〉
9~11カ月ごろ（前半）

1回目

小麦 乳製品 主食

## ツナのパングラタン

**材料**

- アスパラガス…10g
- 食パン（8枚切り）… 3/4枚
- 牛乳…30mℓ
- ツナ（ノンオイル）…15g
- 粉チーズ…小さじ1

**作り方**

1 アスパラは、やわらかくゆでてみじん切りにする。
2 パンは耳を取り除き、手でちぎって、牛乳にひたしておく。
3 ツナは水気を切って身をほぐしておく。
4 耐熱容器に1、2、3を入れて粉チーズをかけ、トースターで2分程度焼く。

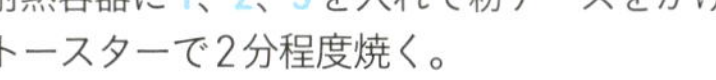

## さつまいものカラフルサラダ

**材料**

- さつまいも…25g
- レーズン…5粒
- にんじん…5g
- クリームチーズ…5g
- 玉ねぎ…5g

**作り方**

1 さつまいもの皮を厚めにむき、1cm程度にカットしたら、水にさらしてアク抜きをする。
2 にんじん、玉ねぎは皮をむき、2～3mm程度の角切りにし、レーズンは細かくきざむ。
3 1と2を鍋に入れ、材料がかぶるくらいの水でゆでる。または電子レンジでやわらかくなるまで加熱する。
4 やわらかくなったらザルにあけ、粗熱が取れたらクリームチーズと混ぜ合わせる。

2回目

## のりと鮭のおやき

**材料**

- 焼きのり…1/8枚
- 鮭…15g
- 5倍がゆ…50g
- すりごま（白）…小さじ1
- 片栗粉…小さじ2
- 油…少々

**作り方**

1 のりは細かくちぎっておく。
2 鮭はゆでて、骨と皮を取り除いてほぐす。
3 1、2、5倍がゆ、すりごま、片栗粉をボウルに入れ混ぜ合わせる。
4 フライパンに薄く油をひき、3をスプーンで落としながら両面を焼く。

## そうめんのみぞれ汁

**材料**

- そうめん…10g
- 豆腐（絹ごし）…20g
- だし汁…50mℓ
- 大根おろし…15g

**作り方**

1 そうめんは乾燥した状態で細かく折り、やわらかくゆで、流水でよく洗い塩気を抜く。
2 豆腐を5mm角に切る。
3 鍋にだし汁を煮立て、2と大根おろしを加え、さらに2分ほど煮る。
4 3に1を加える。

3回目

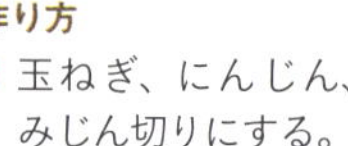

## オムライス

**材料**

- 玉ねぎ…10g
- にんじん…10g
- ピーマン…5g
- トマト…15g
- 鶏ひき肉…10g
- 5倍がゆ…90g
- 卵…1/2個
- 牛乳…15mℓ
- 油…少々
- 塩…少々

**作り方**

1 玉ねぎ、にんじん、ピーマンはみじん切りにする。
2 トマトは湯むきして種を取り除き、みじん切りにする。
3 熱したフライパンに薄く油をひき、1と鶏ひき肉を炒める。
4 3に火が通ったら、2のトマトと5倍がゆ、塩を加え混ぜる。
5 ボウルに卵を溶きほぐし、牛乳を加えてよく混ぜる。
6 フライパンに薄く油をひき、5を流し入れて焼く。
7 お皿に4のご飯を盛りつけ、上に6の卵をのせる。



●献立はあくまでサンプルです。赤ちゃんの成長や発達に合わせて無理なく進めましょう。●赤ちゃんが食物アレルギーの診断を受けている、または疑いのある場合は必ず医師と相談の上進めてください。●レシピの食材は旬のものや自宅にあるものに置き換えてもかまいません（ただし、この時期に食べられる食材かどうかチェックしましょう）。

# 9~11カ月ごろ（前半）のイベントレシピ

event recipe

## ほうれん草のクリスマスリース

**材料**

- ほうれん草…20g
- じゃがいも…20g
- にんじん…1cm

**作り方**

1 ほうれん草はやわらかくゆで、みじん切りにする。
2 じゃがいもはやわらかくゆで、なめらかにマッシュする。
3 にんじんはゆで、薄く輪切りして星形に型抜きする。
4 1と2を混ぜて、お皿の上でドーナツの形に盛りつける。
5 4の上に3のにんじんを飾りつける。

## こいのぼりケーキ

**材料**

- ヨーグルト（無糖）…30g
- いちご…1〜2個
- 食パン（8枚切り）…1枚
- 焼きのり…少量

**作り方**

1 ヨーグルトはザルにあけ、水切りをする。
2 いちごはヘタを切り落とし、縦に薄くスライスする。
3 食パンの耳は切り落とし、こいのぼりの形2枚分にカットする。
4 3の間にいちご、ヨーグルトをはさむ。
5 4の上にヨーグルトを塗って、いちごをうろこ状に並べ、飾りつける。
6 5にのりで目などを飾りつける。

## ひな祭り３色おにぎり

**材料**

- 軟飯…80g
- 鮭フレーク（ほぐした鮭）…5g
- 青のり…適量
- すりごま…適量

**作り方**

1 軟飯を3等分にする。
2 1で分けたうちのひとつに、鮭フレークを混ぜ、丸く握る。
3 もうひとつに、青のりを混ぜ、丸く握る。
4 もうひとつに、すりごまを混ぜ、丸く握る。

〈後期〉

# 9~11カ月ごろ（後半）

# 〈後期〉9～11カ月ごろ（後半）

## 1食分の目安量

後半になると野菜などの食べられる量が増えてきます。果物は糖分が多いので野菜の半量くらいにとどめましょう。主食は引き続き5倍がゆが基本ですが、食べられるなら軟飯にしても大丈夫です。

### 炭水化物

いずれか
- 5倍がゆなら　90g（～軟飯80g）
- ゆでうどんなら　75g
- 食パン（8枚切り）なら　30g

### ビタミン・ミネラル

野菜：合計 40g＋果物 20g

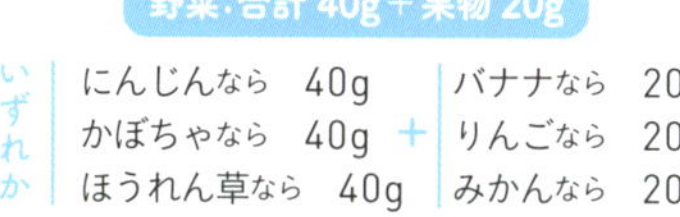

| いずれか | | ＋ | |
|---|---|---|---|
| にんじんなら | 40g | バナナなら | 20g |
| かぼちゃなら | 40g | りんごなら | 20g |
| ほうれん草なら | 40g | みかんなら | 20g |

### たんぱく質

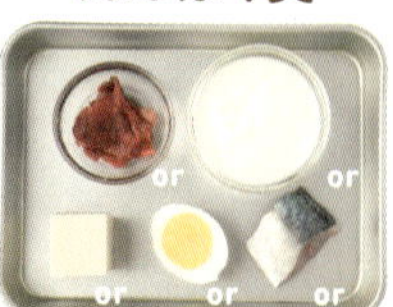

いずれか
- 肉（牛肉など）なら　15g
- 魚（さばなど）なら　15g
- 豆腐なら　45g
- 全卵なら　1/2個分
- ヨーグルトなら　80g

※分量はあくまで目安です。個人差があるので量は調整してOKです。

## 食材の固さ

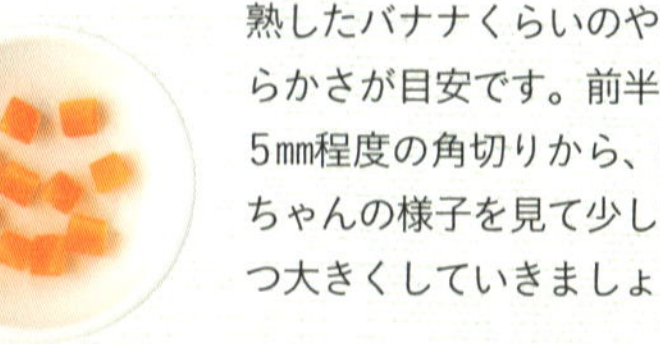

熟したバナナくらいのやわらかさが目安です。前半の5mm程度の角切りから、赤ちゃんの様子を見て少しずつ大きくしていきましょう。

**献立は2週間ずつ繰り返します**

後期後半の献立は2週間分を掲載しています。2週間ずつサイクルするか、数日ずつ続けてもOKです。

## 基本的な軟飯の作り方

炊飯器で作る場合は、米を洗い、米1：水2の割合（例：米1/2カップに水1カップ）で炊飯モードで炊きます（P29参照）。そのほかに下で紹介するような作り方もあります。

### ご飯に5倍がゆを混ぜる

大人用のご飯に5倍がゆを混ぜると軟飯になります。5倍がゆを食べ慣れてきたころ、軟飯が食べられるかどうか試す場合は、5倍がゆに少しずつご飯を混ぜます。

**材料（1食分）**

- 普通に炊いたご飯…大さじ3
- 5倍がゆ…大さじ2

**作り方**

1 普通に炊いたご飯に5倍がゆを混ぜる。

2 混ぜたら固さを見る。固すぎるようなら5倍がゆ、または湯を入れて調整する。

### レンジで作る

大人用のご飯に同じ容量比の水を混ぜ、電子レンジで加熱するだけの簡単な作り方です。
短時間で用意できます。

**材料（1食分）**

- 普通に炊いたご飯…大さじ3
- 水…大さじ3

**作り方**

1 耐熱容器にご飯と水を入れ、ふわっとラップをかけて電子レンジで1分ほど加熱する。

2 全体を混ぜ、加熱ムラがないようにして10分ほど蒸らして出来上がり。

# 1日目

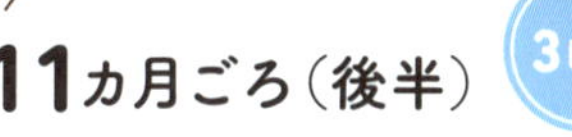

〈後期〉
9~11カ月ごろ（後半）

3回食

1回目

## キャベツのスパゲティ

**材料**
- スパゲティ…20g
- キャベツ…20g
- 枝豆…10g
- しらす…10g
- コンソメ　(赤ちゃん用)…2g
- 水… 20mℓ
- 油…少々

**作り方**
1 スパゲティは1cmほどに折り、やわらかくゆでる。
2 キャベツと枝豆はやわらかくゆで、粗いみじん切りにする。
3 しらすは湯通しして、塩抜きをする。
4 フライパンに薄く油をひき、2、3を軽く炒め、コンソメと水を加える。
5 4に1を加え、全体が混ざるように炒める。

## かぼちゃと豆腐のおやき

**材料**
- かぼちゃペースト… 大さじ1 ▶P60
- 豆腐（絹ごし）…20g
- 片栗粉…小さじ2
- 油…少々

**作り方**
1 ボウルに、かぼちゃペースト、豆腐、片栗粉を入れ、泡立て器で混ぜる。
2 フライパンに薄く油をひき、小判型にして弱火で焼く。
3 焦げないように、返しながら両面を焼いていく。

## 2回目

主食 小麦

### パン

**材料**

- 食パン(8枚切り)
  …2/3枚

**作り方**

1 食パンは耳を除き、1cm角×4cm長さほどに切る。

### オクラと鶏ささみのトマト煮込み

**材料**

- オクラ…10g
- トマト…20g
- 玉ねぎ…5g
- 鶏ささみ…10g
- 野菜スープ
  …50mℓ

**作り方**

1 オクラは種を取り除き、粗めのみじん切りにする。
2 トマトは湯むきして、種を取り除き、粗いみじん切りにする。
3 玉ねぎは、粗めのみじん切りにする。
4 鶏ささみはゆでて、身を細かくほぐす。
5 小鍋に野菜スープ、1、2、3、4を入れ、やわらかく煮こむ。

### さつまいものレモン煮

**材料**

- さつまいも…20g
- レモン汁…小さじ1

**作り方**

1 さつまいもは皮をむき、5mm角に切る。
2 小鍋にさつまいもが浸かるくらいの水とレモン汁を入れ、やわらかくなるまで煮る。

## 3回目

### 5倍がゆ 90g

▶P122

### 麩の卵とじ

**材料**

- 焼き麩…5個
- だし汁…50mℓ
- 醤油…少々
- 溶き卵…大さじ1

**作り方**

1 小鍋に麩、だし汁、醤油を入れ、やわらかく煮こむ。
2 仕上げに溶き卵をふんわりと加え、しっかりと火を通す。

副菜 乳製品

### アスパラサラダ

**材料**

- アスパラガス…15g
- にんじん…10g
- ヨーグルト(無糖)…20g
- すりごま
  …少々
- 醤油…2滴

**作り方**

1 アスパラは、ピーラーで皮をむき、ゆでて粗いみじん切りにする。
2 にんじんはやわらかくゆでて、粗いみじん切りにする。
3 1、2とすべての材料をよく混ぜ合わせる。



●献立はあくまでサンプルです。赤ちゃんの成長や発達に合わせて無理なく進めましょう。●赤ちゃんが食物アレルギーの診断を受けている、または疑いのある場合は必ず医師と相談の上進めてください。●レシピの食材は旬のものや自宅にあるものに置き換えてもかまいません(ただし、この時期に食べられる食材かどうかチェックしましょう)。

〈後期〉
# 9~11カ月ごろ(後半)

1回目

## ほうれん草蒸しパン

材料(2食分)
- ほうれん草ペースト…10g ▶P66
- ホットケーキミックス…45g
- 牛乳…30mℓ

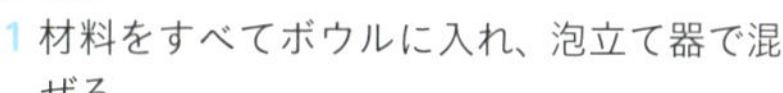

作り方
1. 材料をすべてボウルに入れ、泡立て器で混ぜる。
2. 1の生地を型に流し、シリコンスチーマーに入れ電子レンジで2～3分加熱するか、蒸し器で10分ほど蒸す。

## 鶏ささみときのこのスープ

材料
- 鶏ささみ…10g
- しめじ…10g
- えのき…10g
- インゲン…3g
- 野菜スープ…100mℓ
- 片栗粉…適量
- 塩…少々

作り方
1. すじを取った鶏ささみ、しめじ、えのき、インゲンを細かくみじん切りにする。
2. 野菜スープに1を入れ、やわらかく煮こむ。
3. 2に水溶き片栗粉を入れてとろみがつくまで煮る。
4. 塩を入れて味をととのえる。

## 角切りミニトマト

材料
- ミニトマト…10g(1個分)

作り方
1. ミニトマトは湯むきし、半分に切って小さいスプーンの先で種を取り除き、5mm大に切る。

## 2回目

## 5倍がゆ 90g

▶P122

## 鮭と豆腐のハンバーグ

**材料**

- 鮭…15g
- 豆腐(絹ごし)…20g
- 玉ねぎ…10g
- 片栗粉…大さじ1
- 小松菜…5g
- 油…少々

**作り方**

1 鮭はゆでて皮と骨を取り除き、細かくほぐす。
2 玉ねぎと小松菜はやわらかくゆでて、みじん切りにする。
3 1、2、豆腐、片栗粉を混ぜ合わせ、小判型に成形する。
4 フライパンに薄く油をひき、3を並べ、両面を弱火で焼く。

## モロヘイヤのマカロニサラダ

**材料**

- マカロニ…5g
- キャベツ…10g
- モロヘイヤ…10g
- にんじん…10g

**作り方**

1 マカロニはやわらかくゆで、2～3mmにカットする。
2 モロヘイヤ、キャベツ、にんじんはやわらかくゆで、みじん切りにする。
3 1、2をよく混ぜ合わせる。

## 3回目

主食 小麦

## ニラとツナのうどん

**材料**

- ニラ…5g
- だし汁…50mℓ
- ツナ(ノンオイル)…15g
- 片栗粉…適量
- ゆでうどん…75g

**作り方**

1 ニラはやわらかくゆでて、みじん切りにして、すりつぶす。
2 ツナは水気をよく切る。
3 うどんは食べやすい大きさにカットする。
4 小鍋にだし汁と2、3を入れて弱火にかけ、やわらかく煮る。
5 4に水溶き片栗粉を加え、とろみがつくまで煮る。
6 5に1のニラペーストをのせる。

副菜

## みかんとさつまいもとりんごの煮物

**材料**

- みかん…20g
- りんご…10g
- さつまいも…50g

**作り方**

1 みかんは薄皮を取り除き、みじん切りにする。
2 さつまいもは5mm程度の角切りにする。
3 りんごは5mm程度の角切りにする。
4 小鍋に2、3、かぶるくらいの水を入れてやわらかくなるまでゆでて水気を切る。
5 4を器に盛りつけ、上に1をのせる。



●献立はあくまでサンプルです。赤ちゃんの成長や発達に合わせて無理なく進めましょう。●赤ちゃんが食物アレルギーの診断を受けている、または疑いのある場合は必ず医師と相談の上進めてください。●レシピの食材は旬のものや自宅にあるものに置き換えてもかまいません(ただし、この時期に食べられる食材かどうかチェックしましょう)。

# 3日目

〈後期〉

## 9〜11カ月ごろ（後半）

3回食

### 1回目

卵 小麦 主食

### 納豆お好み焼き

**材料**

- キャベツ…20g
- にんじん…5g
- 納豆（ひき割り）…1パック
- 卵…1/2個
- 小麦粉…大さじ3
- 油…少々

**作り方**

1 キャベツとにんじんをみじん切りにする。
2 納豆に卵を入れてよく混ぜる。
3 ボウルに1と2と小麦粉を入れて、さらに混ぜる。
4 フライパンに薄く油をひくか、テフロン加工のフライパンを熱し、3をスプーンですくって落とす。
5 中火で2〜3分焼き、片面がキツネ色になったらひっくり返して、反対側もキツネ色になるまで焼く。

### 野菜スティック 味噌ヨーグルトソース

副菜 乳製品

**材料**

- ズッキーニ（5cm×1cm）…2本
- 大根（5cm×1cm）…2本
- にんじん（5cm×1cm）…2本
- ヨーグルト（無糖）…20g
- 味噌…少量

**作り方**

1 ズッキーニは皮をむいて、1cm程度の厚さでスティック状に切り、水にさらしてアク抜きをする。
2 大根、にんじんは皮をむいて、1cmの厚さでスティック状に切る。
3 1、2をシリコンスチーマーに入れ、電子レンジで2分ほど加熱する。
4 ヨーグルトと味噌をよく混ぜ合わせ、ソースを作る。
5 3の野菜を4のソースにつけて食べられるよう、盛りつける。

2回目

主食 小麦

## サラダそうめん

**材料**

- そうめん…20g
- モロヘイヤ…10g
- トマト…20g
- だし汁…60㎖

**作り方**

1 そうめんを短く折ってからやわらかくゆで、流水でよく洗い塩抜きをする。
2 トマトを湯むきして種を取り除き、1cm角にカットする。
3 モロヘイヤは葉の部分をやわらかくゆでて、細かくきざむ。
4 だし汁に1を盛り、その上から2と3をのせる。

副菜

## まぐろと豆腐のおやき

**材料（3食分）**

- まぐろ（刺身）…3切れ
- 青のり…小さじ2
- 豆腐（絹ごし）…100g
- 片栗粉…大さじ2
- かつお節…2g
- 油…少々

**作り方**

1 まぐろはさっとゆで、身をほぐす。
2 ボウルに1、豆腐、かつお節、青のりを入れ、よく混ぜ合わせる。
3 2に片栗粉を少しずつ加えながらさらに混ぜ、スプーンですくえる固さになるよう調節する。
4 熱したフライパンに薄く油をひき、3のタネをスプーンですくって落とす。
5 4の両面を弱火で焼く。

3回目

主食 卵

## 鶏ささみの親子丼

**材料**

- 鶏ささみ…10g
- だし汁…75㎖
- 玉ねぎ…5g
- 溶き卵…1/2個
- にんじん…5g
- 軟飯…80g

**作り方**

1 すじを取った鶏ささみ、玉ねぎ、にんじんをみじん切りにする。
2 だし汁に1を入れてやわらかく煮る。
3 2に溶き卵を入れて、中までしっかりと火を通す。
4 軟飯の上に3をのせる。

副菜

## インゲンのごまあえ

**材料**

- インゲン…20g
- だし汁…5㎖
- すりごま…2g
- 醤油…2滴

**作り方**

1 インゲンをやわらかくゆで、5mm角に切る。
2 1とすりごま、だし汁をあえ、醤油を垂らす。



● 献立はあくまでサンプルです。赤ちゃんの成長や発達に合わせて無理なく進めましょう。● 赤ちゃんが食物アレルギーの診断を受けている、または疑いのある場合は必ず医師と相談の上進めてください。● レシピの食材は旬のものや自宅にあるものに置き換えてもかまいません（ただし、この時期に食べられる食材かどうかチェックしましょう）。

# 4日目

〈後期〉

## 9~11カ月ごろ（後半）　3回食

### 1回目

主食　小麦

## パン

▶P157

主菜　乳製品

## ズッキーニと鶏肉のクリームシチュー

**材料**

- ズッキーニ…10g
- とうもろこし…10g
- グリーンピース…10g
- 鶏ひき肉…10g
- 牛乳…30mℓ
- とろけるチーズ…5g
- 片栗粉…適量
- 水…50mℓ

**作り方**

1 ズッキーニは皮をむいて1cm角に切り、水にさらしてアク抜きをする。

2 とうもろこし、グリーンピース、鶏ひき肉はゆでて水気を切る。

3 小鍋に1、2、水、牛乳を入れ、沸騰させないように加熱する。

4 3にとろけるチーズを入れ、溶けたら、水溶き片栗粉でとろみをつける。

### 2回目

主食　小麦

## キャベツたっぷりお好み焼き

**材料**

- キャベツ…30g
- 玉ねぎ…5g
- にんじん…5g
- 鶏ひき肉…10g
- 小麦粉…大さじ2
- 水…大さじ2
- かつお節…適量

**作り方**

1 キャベツは芯を取り除き、粗めのみじん切りにする。

2 玉ねぎとにんじんの皮をむき、みじん切りにする。

3 1と2、鶏ひき肉を耐熱皿に入れ、ラップをかけ、電子レンジで約30秒加熱する。

4 ボウルに小麦粉、水を入れ、ダマが残らないようによく混ぜる。

5 4のボウルに3を加えてよく混ぜ、フライパンで両面に焼き色がつくまで焼き、上にかつお節をふりかける。

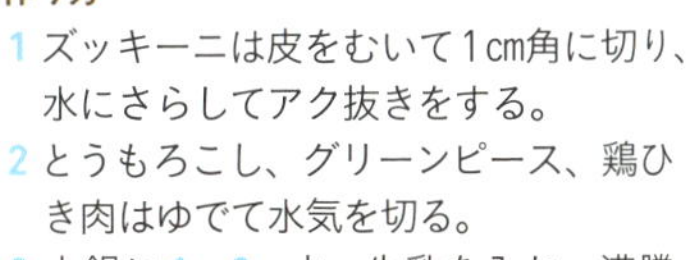

副菜

## バナナ

**材料**

- バナナ…15g

**作り方**

1 バナナの皮をむき、5mm角に切る。

3回目

主食

## 5倍がゆ
90g

▶P122

## まぐろハンバーグ

**材料（2食分）**

- パン粉…10g
- 牛乳…大さじ1
- まぐろ（刺身）…3切れ
- 片栗粉…小さじ1
- 塩…少々
- 油…少々

**作り方**

1 パン粉は牛乳にひたしておく。
2 まぐろは包丁でたたき、ミンチ状にしておく。
3 1、2と片栗粉、塩を合わせてよく混ぜる。
4 3を食べやすい大きさに丸め、中央に少しくぼみをつける。
5 熱したフライパンに薄く油をひき、両面をさっと焼き軽く焦げ目をつける。
6 5に水を少量加え、フタをして全体に火が通るまで蒸し焼きにする。

主菜 小麦 乳製品

## モロヘイヤの白あえ

副菜

**材料**

- ひじき水煮…5g
- モロヘイヤ…10g
- にんじん…5g
- 豆腐（絹ごし）…30g

**作り方**

1 ひじき、モロヘイヤ、にんじんは、やわらかくゆで、みじん切りにする。
2 豆腐は耐熱皿に入れ、ラップをかけ、電子レンジで約30秒加熱する。
3 2の水気をしぼり、1と混ぜ合わせる。



● 献立はあくまでサンプルです。赤ちゃんの成長や発達に合わせて無理なく進めましょう。● 赤ちゃんが食物アレルギーの診断を受けている、または疑いのある場合は必ず医師と相談の上進めてください。● レシピの食材は旬のものや自宅にあるものに置き換えてもかまいません（ただし、この時期に食べられる食材かどうかチェックしましょう）。

# 5日目

〈後期〉
9~11カ月ごろ（後半）　3回食

## 1回目

主食

### 5倍がゆ 90g

▶P122

主菜

### ぶりと納豆のとろとろあえ

**材料**
- ぶり（刺身）…1切れ
- 納豆（ひき割り）…20g
- 青のり…少量
- 醤油…2滴

**作り方**
1 ぶりはゆでて、身をほぐす。
2 1と納豆、青のり、醤油を混ぜ合わせる。

副菜

### わかめと野菜の味噌汁

**材料**
- にんじん…10g
- ほうれん草…10g
- だし汁…80mℓ
- わかめペースト…10g ▶P95
- 味噌…少々

**作り方**
1 にんじんとほうれん草を粗くみじん切りし、やわらかくゆでる。
2 小鍋にだし汁を入れ、1とわかめペーストを入れて煮こむ。
3 2に味噌を溶かす。

## 2回目

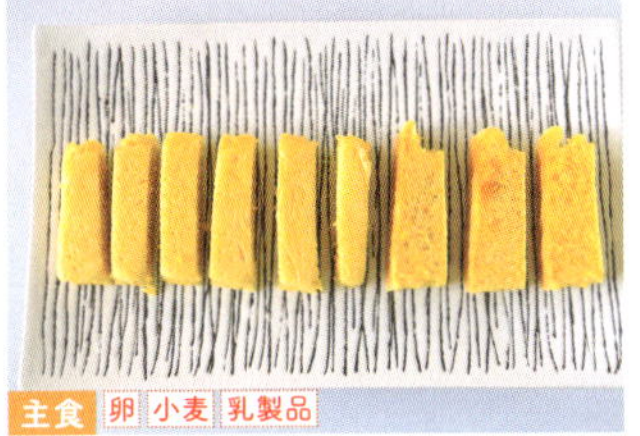

主食　卵　小麦　乳製品

### かぼちゃのスティックケーキ

**材料（2食分）**
- かぼちゃ…20g
- ホットケーキミックス…50g
- 牛乳…30mℓ
- 卵…1/2個
- 油…少々

**作り方**
1 かぼちゃはラップをかけて電子レンジで約1分加熱し、つぶす。
2 ボウルに1とすべての材料を入れ、よく混ぜ合わせる。
3 卵焼き器に薄く油をひき、2の生地を流し込んで両面を弱火でじっくり焼く。
4 3の粗熱が取れたら、スティック状にカットする。

副菜　乳製品

### ピーマンのヨーグルトサラダ

**材料**
- トマト…10g
- ピーマンペースト…10g
- ヨーグルト（無糖）…20g

**作り方**
1 トマトは湯むきし、種を取り除き、みじん切りにする。
2 1とすべての材料を混ぜ合わせる。

**ピーマンペーストの作り方**
種、わた、ヘタを取り除きラップに包んで電子レンジで加熱する。（10gで30秒ほど。）冷水にさらして皮をむき、みじん切りにしてすりつぶす。湯を加えてなめらかにのばす。

**3回目**

## なすのミートソーススパゲティ

**材料**

- スパゲティ…20g
- トマト…20g
- なす…10g
- にんじん…10g
- 玉ねぎ…10g
- オリーブオイル…少々
- 豚ひき肉 …10g
- コンソメ（赤ちゃん用）…少々

**作り方**

1 スパゲティは1cmほどに折り、やわらかくゆでる。
2 トマトは湯むきして種を取り除き、みじん切りにする。
3 なすはみじん切りにして、水にさらしアク抜きをする。
4 にんじん、玉ねぎは、みじん切りにする。
5 耐熱容器に3、4、水大さじ1を入れ、ラップをかけて電子レンジで2分ほど加熱する。
6 フライパンにオリーブオイルをひき、豚ひき肉を炒め火が通ったら、2、5、コンソメを加えて煮る。
7 皿に1を盛り、6のソースをかける。

# 〈後期〉9~11カ月ごろ（後半）

## 1回目

### パン

▶P157

### かぼちゃと鮭のキッシュ

**材料**

- 牛乳…80mℓ
- 卵…1/2個
- かぼちゃ…10g
- ブロッコリー…10g
- 玉ねぎ…10g
- 鮭…15g
- 粉チーズ…少々

**作り方**

1 牛乳と卵を泡立て器で混ぜ合わせる。
2 かぼちゃ、ブロッコリー、玉ねぎは小さくカットしてやわらかくなるまでゆでる。
3 鮭はゆでて皮と骨を取り除きほぐす。
4 耐熱皿に、2と3をバランスよく敷き詰め、1の卵液を流し込む。
5 4の表面に粉チーズをふりかけ、オーブントースターでしっかり火が通るまで10分程度焼く（※1）。

※1 竹串や爪楊枝で刺して、中身がついてこなければ、ちゃんと焼けている証拠です。

## 2回目

### 豆乳とトマトのそうめん

**材料**

- そうめん…15g
- 豆乳…40mℓ
- トマト…15g
- 醤油…3滴
- ツナ…10g

**作り方**

1 そうめんは乾麺の状態で細かく折ってからやわらかくゆで、流水でよく洗い塩抜きをする。
2 トマトは湯むきして、種を取り除き、粗めのみじん切りにする。
3 ツナはほぐしておく。
4 2、3、豆乳、醤油を混ぜ合わせ、電子レンジで1分ほど加熱する。
5 1と4を混ぜ合わせる。

### ズッキーニとさつまいものサラダ

**材料**

- さつまいも…20g
- ヨーグルト（無糖）…大さじ1
- ズッキーニ…10g
- にんじん…5g

**作り方**

1 さつまいもは皮をむいてやわらかくゆでて、つぶす。
2 ズッキーニは皮をむいて5mm角に切り、水にさらしてアク抜きをする。
3 にんじんは5mm角に切り、2のズッキーニと一緒にやわらかくゆで水気を切る。
4 1、3とヨーグルトを混ぜ合わせる。

## 3回目

### 5倍がゆ 90g

▶P122

主菜

### 牛豚ひき肉の野菜炒め

**材料**

- もやし…15g
- 牛豚ひき肉…15g
- ほうれん草…15g
- 野菜スープ…15mℓ

**作り方**

1 もやしとほうれん草をやわらかくゆで、粗いみじん切りにする。
2 フライパンで牛豚ひき肉をほぐしながら炒め、火が通ったら1を入れる。
3 肉と野菜がなじんだら、野菜スープを入れ、水分が飛ぶまで炒める。



● 献立はあくまでサンプルです。赤ちゃんの成長や発達に合わせて無理なく進めましょう。● 赤ちゃんが食物アレルギーの診断を受けている、または疑いのある場合は必ず医師と相談の上進めてください。● レシピの食材は旬のものや自宅にあるものに置き換えてもかまいません（ただし、この時期に食べられる食材かどうかチェックしましょう）。

# 7日目

〈後期〉
9~11カ月ごろ（後半）

3回食

## 1回目

### パン
▶P157

主食　小麦

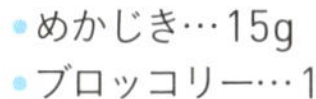

### めかじきのチーズ焼き

**材料**
- めかじき…15g
- ブロッコリー…10g
- とろけるチーズ…1/4枚

**作り方**
1 めかじきはゆでて皮と骨を取り除き、細かくほぐす。
2 ブロッコリーはやわらかくゆでて、みじん切りにする。
3 1と2を混ぜ合わせて耐熱容器に入れ、チーズをのせる。
4 3を電子レンジで10秒ほど加熱する。

### ズッキーニとかぼちゃの煮物

**材料**
- ズッキーニ…20g
- かぼちゃ…20g
- だし汁…50mℓ

**作り方**
1 ズッキーニは皮をむいて5mm角に切り、水にさらしてアク抜きをする。
2 かぼちゃは皮とわたを取り、5mm角に切る。
3 小鍋に1、2とだし汁を入れ、やわらかくなるまで煮こむ。

## 2回目

### 5倍がゆ 90g
▶P122

主食

### 麩入り鶏だんご

**材料（2食分）**
- 焼き麩…2個
- 鶏ひき肉…30g
- 卵…大さじ1/2
- 醤油…少々
- 片栗粉…小さじ1

**作り方**
1 麩は手で細かくちぎる。
2 ボウルに1と材料をすべて入れてよく混ぜ、食べやすい大きさに丸める。
3 鍋に湯を沸かし、中心にしっかり火が通るまで1分ほどゆでる。

### もやしと小松菜のおひたし

**材料**
- もやし…10g
- 小松菜…1枚
- だし汁…5mℓ
- すりごま…適量

**作り方**
1 もやしはひげ根と豆を取り除く。
2 1と小松菜をゆでて、みじん切りにする。
3 2とだし汁、すりごまを混ぜ合わせる。

3回目

主食

## ニラとかつお節のおにぎり

**材料**

- ニラ…10g
- すりごま…2g
- かつお節…2g
- 軟飯…80g

**作り方**

1 ニラはやわらかくゆで、細かくみじん切りにする。
2 1とすべての材料をよく混ぜ合わせ、食べやすい大きさににぎる。

## 牛豚ひき肉の肉じゃが

主菜

**材料**

- じゃがいも…15g
- 牛豚ひき肉…10g
- にんじん…15g
- だし汁…60㎖
- 玉ねぎ…10g
- 醤油…2滴

**作り方**

1 じゃがいも、にんじん、玉ねぎを5㎜角に切る。
2 1を耐熱容器に入れ、ラップをかけて電子レンジで1分程度加熱する。
3 牛豚ひき肉はラップをかけて電子レンジで1分程度加熱する。
4 小鍋にだし汁、2、3を入れ、アクを取り除きながら煮こむ。
5 4に醤油を垂らして、ひと煮立ちさせる。



●献立はあくまでサンプルです。赤ちゃんの成長や発達に合わせて無理なく進めましょう。●赤ちゃんが食物アレルギーの診断を受けている、または疑いのある場合は必ず医師と相談の上進めてください。●レシピの食材は旬のものや自宅にあるものに置き換えてもかまいません（ただし、この時期に食べられる食材かどうかチェックしましょう）。

〈後期〉

# 9~11カ月ごろ（後半） 3回食

1回目

## 5倍がゆ
90g

▶P122

## めかじきと豆腐のハンバーグ

**材料**
- めかじき…10g
- ブロッコリー…10g
- 豆腐（絹ごし）…15g
- パン粉…小さじ1
- 油…少々

**作り方**
1. めかじきはゆでて皮と骨を取り除き、細かくほぐす。
2. ブロッコリーはゆでてみじん切りする。
3. ボウルで1、2とすべての材料を混ぜ合わせる。
4. フライパンに油をひき、3をスプーンで落として両面を焼く。

## にんじん角切り

**材料**
- にんじん…15g

**作り方**
1. にんじんは5～7㎜角に切り、やわらかくゆでる。
2. 水気を切り皿に盛る。

## 2回目

主食 卵 小麦 乳製品

### きなこ豆乳フレンチトースト

**材料**

- 食パン（8枚切り）…3/4枚
- 豆乳…30mℓ
- 卵…1/2個
- 砂糖…3g
- きなこ…適量
- バター…少々

**作り方**

1. 食パンは耳を取り除き、食べやすい大きさのスティック状にカットする。
2. 豆乳と卵と砂糖を混ぜ、1をひたす。
3. 食パンが水分を吸ったらきなこをまぶし、なじませる。
4. フライパンに薄くバターをひいて、両面をこんがりと焼く。
5. 仕上げに、4にきなこを少々ふりかける。

副菜

### ほうれん草とかぼちゃの豆乳スープ

**材料**

- ほうれん草…20g
- かぼちゃ…15g
- 豆乳…30mℓ
- 野菜スープ…30mℓ
- 片栗粉…5g

**作り方**

1. ほうれん草をやわらかくゆでて、水気を切り、5mm程度に切る。
2. かぼちゃを5mm角に切ってやわらかくゆでる。
3. 鍋の中に、1と2と豆乳、野菜スープ、片栗粉を入れる。
4. 沸騰しないように気をつけながら弱火で加熱する。

## 3回目

主食

### 玉ねぎとニラのおかゆ

**材料**

- 玉ねぎ…10g
- ニラ…10g
- にんじん…10g
- だし汁…200mℓ
- ご飯…60g
- 醤油…数滴

**作り方**

1. 玉ねぎ、ニラ、にんじんをそれぞれ5mm大に切る。
2. 鍋に1とだし汁を入れて、やわらかくなるまで煮る。
3. 2にご飯を入れ、ひと煮立ちさせる。
4. 3に醤油を垂らし、風味をつける。

主菜 乳製品

### はんぺんチーズ

**材料**

- はんぺん…1/8枚
- 粉チーズ…少々

**作り方**

1. はんぺんを1cm角に切る。
2. 1をアルミホイルにのせて、粉チーズを上からかける。
3. 2をアルミホイルでくるみ、オーブントースターで1〜2分加熱する。

● 献立はあくまでサンプルです。赤ちゃんの成長や発達に合わせて無理なく進めましょう。● 赤ちゃんが食物アレルギーの診断を受けている、または疑いのある場合は必ず医師と相談の上進めてください。● レシピの食材は旬のものや自宅にあるものに置き換えてもかまいません（ただし、この時期に食べられる食材かどうかチェックしましょう）。

# 9日目

〈後期〉
9~11カ月ごろ（後半）

## 1回目

### 5倍がゆ
90g

▶P122

### なすの味噌炒め

**材料**

- なす… 20g
- じゃがいも… 20g
- にんじん… 10g
- 豚ひき肉… 10g
- 味噌… 少々
- 油…少々

**作り方**

1 なすは5mm角に切り、水にさらしてアク抜きをする。
2 じゃがいも、にんじんは皮をむき、5mm角に切る。
3 1、2、水大さじ1を耐熱容器に入れてラップをかけて電子レンジで2分ほど加熱する。
4 フライパンに薄く油をひき、豚ひき肉を炒める。
5 4に火が通ったら、3を加えて炒め、最後に味噌を加える。

## 2回目

主食

### まぐろとわかめのまぜご飯

**材料**

- まぐろ（刺身）…2切れ
- わかめ（乾燥）…ひとつまみ
- ご飯…60g
- だし…70mℓ

**作り方**

1 まぐろはゆでて、身をほぐす。
2 わかめは水で戻し、みじん切りにする。
3 1、2とすべての材料を小鍋に入れ、ご飯がやわらかくなるまで煮こむ。

副菜　乳製品

### 小松菜とかぼちゃのおやき

**材料**

- 小松菜…10g
- かぼちゃペースト…40g ▶P60
- 青のり…ひとつまみ
- 牛乳…5g
- 片栗粉…大さじ1

**作り方**

1 小松菜は2〜3mm角のみじん切りにしてゆでる。
2 1とかぼちゃペースト、青のり、牛乳、片栗粉を入れて混ぜ合わせる。
3 2を好きな形に成形する。
4 3をフライパンで焼き色がつくまで焼く（※1）。

※1 フライパンで焼くときには、少し押さえつけるようにして焼くと崩れにくいです。

3 回目

小麦 主食

## そうめんだんご

**材料**

- そうめん… 20g
- 青のり… 適量
- メープルシロップ… 適量
- きなこ… 適量

**作り方**

1 そうめんは乾燥した状態で細かく折り、やわらかくゆで、流水でよく洗い塩抜きをする。
2 ひと口大の量をラップに包み、もみながらだんご状に丸める。
3 (青のり味) 2の表面に青のりをまぶす。
4 (きなこ味) 2の表面にメープルシロップをからめ、きなこをまぶす。

## もやし入りニラ玉

主菜 卵

**材料**

- もやし…20g
- ニラ…10g
- 卵…1/2個
- 醤油…2〜3滴
- 油…少々

**作り方**

1 もやしはひげ根と豆を取り除いて、粗めのみじん切りにする。
2 ニラはよく洗い、粗めのみじん切りにする。
3 卵は割りほぐす。
4 フライパンを熱して薄く油をひき、3を流しいれて炒り卵を作って、いったん取り出す。
5 フライパンに1と2を入れて炒め、火が通ったら3を戻す。
6 5に醤油を垂らして風味をつける。

副菜

## のりと豆腐のすまし汁

**材料**

- 豆腐(絹ごし)…15g
- 焼きのり… 1/8枚
- だし汁 50㎖

**作り方**

1 豆腐は5㎜角に切る。
2 のりは細かくちぎる。
3 小鍋に1、2、だし汁を入れてひと煮立ちさせる。

●献立はあくまでサンプルです。赤ちゃんの成長や発達に合わせて無理なく進めましょう。●赤ちゃんが食物アレルギーの診断を受けている、または疑いのある場合は必ず医師と相談の上進めてください。●レシピの食材は旬のものや自宅にあるものに置き換えてもかまいません(ただし、この時期に食べられる食材かどうかチェックしましょう)。

# 10日目

〈後期〉
9～11カ月ごろ（後半）　3回食

## 1回目

主食　小麦　乳製品

### 青のりの和風トースト

**材料**
- 食パン（8枚切り）…1/2枚
- 青のり…大さじ1
- かつお節…大さじ1
- 牛乳…大さじ1
- 油…少々

**作り方**
1. 食パンのやわらかい部分を、一口大に切って牛乳にひたす。
2. 青のりとかつお節を混ぜ合わせる。
3. 1に2をまぶし、熱したフライパンに薄く油をひいて焼く。

主菜

### 鶏そぼろとかぼちゃの煮物

**材料**
- かぼちゃ…20g
- 玉ねぎ…10g
- ゆで枝豆…10g
- だし汁…50mℓ
- 鶏ひき肉…10g
- 醤油…2滴

**作り方**
1. かぼちゃは皮と種とわたを取り除き、5mm角にカットする。
2. 玉ねぎはみじん切りにする。
3. 枝豆は薄皮を取ってみじん切りにする。
4. 鍋にだし汁、1、2、3を入れ、やわらかくなるまで煮る。
5. 4に鶏ひき肉を入れ、火が通るまでさらに煮る。
6. 5に醤油を加える。

## 2回目

主食

### 5倍がゆ 90g

▶P122

主菜

### 大根と鮭のちゃんちゃん焼き

**材料**
- 鮭…15g
- 大根…10g
- にんじん…5g
- キャベツ…10g
- 玉ねぎ…5g
- しいたけ…5g
- とうもろこし…5g
- だし汁…100mℓ
- 味噌…少々
- 片栗粉…小さじ2

**作り方**
1. 鮭は皮と骨を取り除き、1cm角程度に切っておく。
2. 大根、にんじん、キャベツ、玉ねぎ、しいたけを5～7mm角程度にカットする。
3. とうもろこしは粒に分けておく。
4. 鍋に1と2と3を入れ、だし汁を加えて、やわらかくなるまで煮る。
5. やわらかくなったら、味噌を加えてよく混ぜる。
6. 5に水溶き片栗粉を加え、とろみがつくまで煮る。

3 回目

主食 **5倍がゆ**
**90g**
▶P122

## もやしと豆腐のチヂミ

主菜 卵 小麦

**材料**
- もやし…15g
- ツナ…10g
- 豆腐（絹ごし）…20g
- 卵…1/2個
- だし汁…小さじ1
- 小麦粉…大さじ1
- 醤油…2〜3滴
- 油…少々

**作り方**
1 もやしはひげ根と豆を取り除いて、大きめのみじん切りにする。
2 1と油以外のすべての材料をボウルに入れ、豆腐がくずれるまでよく混ぜる。
3 フライパンを熱して薄く油をひき、スプーンで生地をすくって流し入れる。
4 3の両面をしっかりと焼く。

## なすと小松菜のごまあえ

副菜

**材料**
- なす…20g
- 小松菜…20g
- すりごま…5g
- かつお節…少々
- 醤油…少々

**作り方**
1 なすは皮をむき、5mm角に切り、水にさらしてアク抜きをする。
2 小松菜は粗いみじん切りにする。
3 耐熱容器に1、2、水大さじ1を入れてラップをかけ、電子レンジで1分ほど加熱して水気を切る。
4 3にすりごま、かつお節をかけ、醤油を垂らしてよく混ぜ合わせる。



●献立はあくまでサンプルです。赤ちゃんの成長や発達に合わせて無理なく進めましょう。●赤ちゃんが食物アレルギーの診断を受けている、または疑いのある場合は必ず医師と相談の上進めてください。●レシピの食材は旬のものや自宅にあるものに置き換えてもかまいません（ただし、この時期に食べられる食材かどうかチェックしましょう）。

# 11日目

〈後期〉
9～11カ月ごろ（後半）

1回目

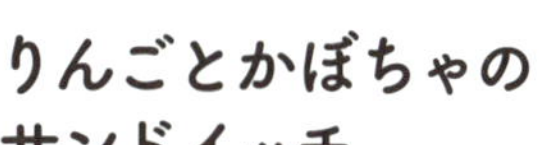

## りんごとかぼちゃのサンドイッチ

小麦　主食

**材料（2食分）**

- りんご…1/6個
- かぼちゃ…30g
- 食パン（8枚切り）…2枚

**作り方**

1 りんごをすりおろし、ラップをかけて電子レンジで20秒ほど加熱する。
2 かぼちゃの皮と種とわたを取り除いて小さく切り、ラップをかけ、電子レンジで2分ほど加熱する。
3 2のかぼちゃがやわらかくなったら、スプーンでつぶす。
4 1と3を混ぜ合わせる。
5 食パンの耳を切り落とし4を塗ってはさみ、食べやすい大きさにカットする。

## 鶏ささみとオクラの煮物

主菜

**材料**

- オクラ…10g
- 玉ねぎ…10g
- 鶏ささみ…15g
- だし汁…40mℓ
- 醤油…2滴

**作り方**

1 オクラはこすり合わせて洗い、うぶ毛を取ったら種を取り除き、みじん切りにする。
2 玉ねぎはみじん切りにする。
3 鶏ささみは、すじを取り2～3mm大に切っておく。
4 小鍋にだし汁と1、2、3、ひたひたに水を入れてやわらかく煮る。
5 4に醤油を垂らして、風味をつける。

2回目

主食 卵

## 鮭と野菜のチャーハン

**材料**

- 鮭…10g
- にんじん…10g
- 水…50mℓ
- 溶き卵…1/2個分
- 軟飯…80g
- 醤油…1～2滴
- 油…少々

**作り方**

1 鮭はゆでて皮と骨を取り除き、細かくほぐす。
2 にんじんは、細かいみじん切りにする。
3 フライパンに油をひいて1と2を炒め、水を加えて水気がなくなるまで炒り煮する。
4 3に溶き卵を加えて全体を混ぜ、軟飯を加えてさらに炒める。
5 4に醤油を加え、味をととのえる。

副菜

## はんぺんの味噌汁

**材料**

- はんぺん…1/8枚
- わかめ（乾燥）…ひとつまみ
- だし汁…80mℓ
- 味噌…少々

**作り方**

1 はんぺんを5mm角に切る。
2 わかめは水で戻し、みじん切りにする。
3 小鍋にだし汁を入れ、あたたまったら、1、2を入れひと煮立ちさせる。
4 3に味噌を溶く。

3回目

主食 小麦

## 白菜の味噌うどん

**材料**

- 白菜…20g
- 玉ねぎ…10g
- ゆでうどん…80g
- だし汁…100mℓ
- 味噌…2g

**作り方**

1 白菜、玉ねぎをみじん切りにする。
2 うどんは1～2cmくらいに切る。
3 だし汁に1と2を入れ、やわらかくなるまで煮こむ。
4 3に味噌を溶かし、風味をつける。

主菜 小麦

## 豆腐のハンバーグ

**材料**

- にんじん…5g
- 玉ねぎ…10g
- 豆腐（絹ごし）…10g
- 鶏ひき肉…15g
- 小麦粉…3g
- 醤油…数滴

**作り方**

1 にんじん、玉ねぎをみじん切りにして炒め、冷ましておく。
2 豆腐を電子レンジで30秒ほど加熱して、水気を切り、すりつぶす。
3 1と2、鶏ひき肉、小麦粉、醤油を混ぜる。
4 3の形を整えたら、フライパンで両面を焼く。



● 献立はあくまでサンプルです。赤ちゃんの成長や発達に合わせて無理なく進めましょう。● 赤ちゃんが食物アレルギーの診断を受けている、または疑いのある場合は必ず医師と相談の上進めてください。● レシピの食材は旬のものや自宅にあるものに置き換えてもかまいません（ただし、この時期に食べられる食材かどうかチェックしましょう）。

# 12日目

〈後期〉

## 9~11カ月ごろ（後半）

### 1回目

#### オクラの和風スパゲティ

主食 小麦

**材料**

- スパゲティ…20g
- 大根…10g
- オクラ…20g
- 鶏ささみ…10g
- だし汁…10mℓ

**作り方**

1 スパゲティは、長さ1cmほどに折り、やわらかくゆでる。
2 大根をすりおろす。
3 オクラはゆでて種を取り除き、薄切りにする。
4 鶏ささみはゆでて、身をほぐす。
5 1、2、3、4とだし汁をあえる。

主菜

#### 鯛のおやき

**材料**

- じゃがいも…15g
- 鯛ペースト…20g ▶P56
- 青のり…適量
- 米粉…10g
- 水…10mℓ
- 油…少々

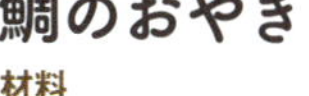

**作り方**

1 じゃがいもは、やわらかくゆでてマッシュしておく。
2 1に鯛ペースト、青のり、米粉、水を混ぜる。
3 油をひいたフライパンに2をスプーンで落とし、両面を焼く。

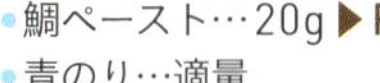

### 2回目

主食

#### 5倍がゆ 90g

▶P122

主菜

#### 鶏肉とグリーンピースのりんご煮

**材料**

- りんご…1/4個
- 水…大さじ2
- 鶏ひき肉…20g
- グリーンピース…5粒

**作り方**

1 りんごは皮をむいて、おろし器ですりおろす。
2 グリーンピースはよくゆでて、皮を取り、細かくきざむ。
3 1と水を鍋に入れて加熱する。
4 3がグツグツしてきたら、2のグリーンピースと鶏のひき肉を加え、弱火で5分煮こむ。

副菜

#### 白菜とほうれん草のおかかあえ

**材料**

- 白菜…15g
- ほうれん草…15g
- かつお節…1g

**作り方**

1 白菜とほうれん草をやわらかくゆでる。
2 1をみじん切りにする。
3 2の水気を切り、かつお節を混ぜる。

3回目

## パン

▶P157

## 豆腐と野菜の卵とじ

**材料**

- 豆腐（絹ごし）…40g
- 玉ねぎ…10g
- にんじん…10g
- だし汁…10㎖
- 小松菜…10g
- 卵…1/2個

**作り方**

1 豆腐を5㎜角に切る。
2 にんじん、小松菜、玉ねぎは粗めのみじん切りにする。
3 2と水大さじ1を耐熱容器に入れ、ラップをかけて電子レンジで約1分加熱する。
4 小鍋にだし汁、1の豆腐、3を入れ、ひと煮立ちさせる。
5 4に溶いた卵を流し入れ、軽く混ぜ火が通るまで煮る。

〈後期〉

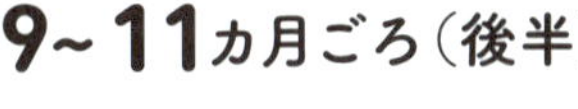


3回食

1回目

## しらす入りミルクがゆ

**材料**

- しらす干し…15g
- 軟飯…60g
- りんご…1/4個
- 豆乳…40mℓ

**作り方**

1 しらす干しは茶こしなどに入れて熱湯をかけ、塩抜きしておく。
2 りんごは皮と種を取り除き、すりおろす。
3 小鍋に1、2と軟飯、豆乳を入れて弱火にかけ、ひと煮立ちさせる。

副菜

## とうもろこしと小松菜の和風サラダ

**材料**

- とうもろこし…30g
- 醤油…2滴
- 小松菜…20g
- かつお節…少々

**作り方**

1 とうもろこし、小松菜はやわらかくゆで、粗いみじん切りにする。
2 1に醤油、かつお節を加えよく混ぜ合わせる。

2回目

## ずんだおはぎ

**材料**

- 軟飯…50g
- 牛乳…10mℓ
- 枝豆…10g
- てんさい糖…2g

**作り方**

1 軟飯はひと口大に丸める。
2 枝豆はやわらかくゆで、薄皮を取り除き、みじん切りにしてすりつぶす。
3 耐熱容器に、2、牛乳、てんさい糖を入れ混ぜ合わせ、電子レンジで約30秒加熱する。
4 1に3をまぶす。

主菜

## かぶと肉だんごのスープ

**材料**

- かぶ…20g
- 片栗粉…3g
- にんじん…5g
- だし汁…100mℓ
- 鶏ひき肉…15g
- 醤油…少々

**作り方**

1 かぶとにんじんの皮をむき、5mm角に切る。
2 ボウルに鶏ひき肉と片栗粉を入れ、手でこねて混ぜ合わせ、ひと口大に成形する。
3 鍋にだし汁、1を入れやわらかく煮こむ。
4 3に2の肉だんごを入れ、火が通るまで煮こみ、醤油を垂らす。

3回目

小麦 主食

## 玉ねぎそうめんチャンプルー

**材料**

- 玉ねぎ…20g
- そうめん…20g
- にんじん…15g
- ツナ…10g
- インゲン…10g
- 油…少々

**作り方**

1 玉ねぎ、にんじん、インゲンを細切りにする。
2 そうめんを2cmほどに折り、やわらかくゆで、流水でよく洗い塩抜きをする。
3 ツナの油を切っておく。
4 フライパンに薄く油をひき、1を炒め水をふりかけ野菜に火を通す。
5 2と3を入れ、サッと炒めあわせる（※1）。

※1 そうめんに油を少し足すことで、冷めても麺が固まりづらくなり、食べやすくなります。

## 高野豆腐とモロヘイヤの味噌汁

副菜

**材料**

- 高野豆腐…2g
- だし汁…60㎖
- モロヘイヤ…5g
- 味噌…少々

**作り方**

1 高野豆腐をおろし金ですりおろす。
2 モロヘイヤはやわらかくゆで、みじん切りにする。
3 小鍋にだし汁を入れてあたため、1を入れて、高野豆腐がフワフワになるまで煮る。
4 3に味噌を溶かし、2を加えて、ひと煮立ちさせる。



● 献立はあくまでサンプルです。赤ちゃんの成長や発達に合わせて無理なく進めましょう。● 赤ちゃんが食物アレルギーの診断を受けている、または疑いのある場合は必ず医師と相談の上進めてください。● レシピの食材は旬のものや自宅にあるものに置き換えてもかまいません（ただし、この時期に食べられる食材かどうかチェックしましょう）。

# 14日目

〈後期〉

## 9～11カ月ごろ（後半）

1回目

### モロヘイヤの蒸しパン

**材料**

- モロヘイヤ…10g
- とうもろこし…15g
- ホットケーキミックス…30g
- 牛乳…30mℓ

**作り方**

1 モロヘイヤはやわらかくゆでて、みじん切りにする。
2 とうもろこしはゆでて、粒に分けておく。
3 ボウルに、1、2とすべての材料を入れ、よく混ぜ合わせる。
4 3をカップに流し入れ、シリコンスチーマーに入れ、電子レンジで約2分加熱する。

### 鯛のとろみあんかけ

**材料**

- 鯛（刺身）…1切れ
- にんじん…10g
- 大根…10g
- インゲン…10g
- だし汁…20mℓ
- 片栗粉…適量
- 醤油…2滴

**作り方**

1 鯛はやわらかくゆで、身をほぐす。
2 にんじん、大根、インゲンはやわらかくゆで、みじん切りにする。
3 小鍋に、だし汁、1、2を入れ、軽く沸騰させたら、水溶き片栗粉を加えてとろみをつける。
4 3に醤油を垂らして風味をつける。

## 2回目

主食 小麦

### ツナととうもろこしのお好み焼き

**材料**

- 小麦粉…15g
- だし汁…20mℓ
- キャベツ…30g
- ツナ（ノンオイル）…15g
- とうもろこし…10粒
- 青のり…適量
- かつお節…適量
- 油…少々

**作り方**

1. ボウルに小麦粉とだし汁を入れて、ダマがなくなるまでよく混ぜる。
2. キャベツはみじん切りにする。
3. ツナは水を切って身をほぐしておく。
4. 1に2、3、とうもろこしを加えて、よく混ぜる。
5. フライパンに薄く油をひき、4を流し入れ、両面をこんがりと焼く。
6. 5に青のり、かつお節をまぶす。

副菜

### りんご

**材料**

- りんご…15g
- 水…大さじ1

**作り方**

1. 耐熱容器に5mm角に切ったりんごと水を入れふんわりラップをかけてレンジで約1分加熱する。

## 3回目

主食

### 5倍がゆ 90g

▶P122

主菜

### かぶのトマト煮

**材料**

- かぶ…30g
- 鶏ひき肉…15g
- トマト…30g
- 水…20mℓ

**作り方**

1. かぶは皮をむき、5mm程度の角切りにする。
2. トマトは湯むきして種を取り除き、5mm程度の角切りにする。
3. 鍋に1、2、すべての材料を入れ、やわらかく煮こむ。

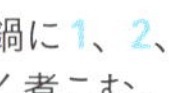

● 献立はあくまでサンプルです。赤ちゃんの成長や発達に合わせて無理なく進めましょう。● 赤ちゃんが食物アレルギーの診断を受けている、または疑いのある場合は必ず医師と相談の上進めてください。● レシピの食材は旬のものや自宅にあるものに置き換えてもかまいません（ただし、この時期に食べられる食材かどうかチェックしましょう）。

# 9~11カ月ごろ(後半)のイベントレシピ

## サンタさんのクリスマスケーキ

**材料(5人分)**

- ホットケーキミックス…100g
- 豆乳…80mℓ
- いちご…4粒
- バナナ…1/2本
- 米粉を使った
  カスタードクリーム(右記参照)
  …100mℓ
- 黒ごま…2粒
- 油…少々

**作り方**

1 ボウルにホットケーキミックスと豆乳を入れて混ぜる。
2 フライパンに薄く油をひき、1の生地を2枚に分けて焼く。
3 お皿に2の片方をのせ、いちご、バナナをはさんだらもう一方の生地を重ねる。
4 3の上からカスタードクリームをかける。
5 いちごの下1/3を切り、逆さにして帽子を作る。その間にバナナをはさみ、残りのいちご2/3を体にしてサンタさんを作る。
6 5のバナナに黒ごまで目をつけ、4に飾りつける。

### 米粉を使ったカスタードクリームの作り方

**材料(5食分)**

- 米粉…30g
- てんさい糖(※1)…10g
- 牛乳…200mℓ
- 卵(Mサイズ)…1個

**作り方**

1 米粉とてんさい糖を混ぜる。
2 1に牛乳と卵を加え、さらに混ぜる。
3 フライパンに2を流し入れ、ゴムベラでよく混ぜながらあたためる。

※1 てんさい糖がない場合は、砂糖で代用してもOKです。

＼パクパク／

# 〈完了期〉

# 1歳～1歳6カ月ごろ

**完了期への
ステップアップの目安**

- □ 3回の離乳食を安定して食べられる
- □ 手づかみ食べをしている
- □ やわらかめの肉だんごくらいの固さのものを口の中でつぶせる

# 〈完了期〉1歳～1歳6カ月ごろ

## 生活リズムが大人に近づくころ

1日3回の食事の時間を大人と同じ時間に近づけていきます。食事のほかにおやつを1～2回与えましょう。このころになると栄養の約8割を離乳食からとるので、赤ちゃんの食べ具合が順調であれば徐々に授乳は減らしていきます。

## この時期のタイムスケジュール例

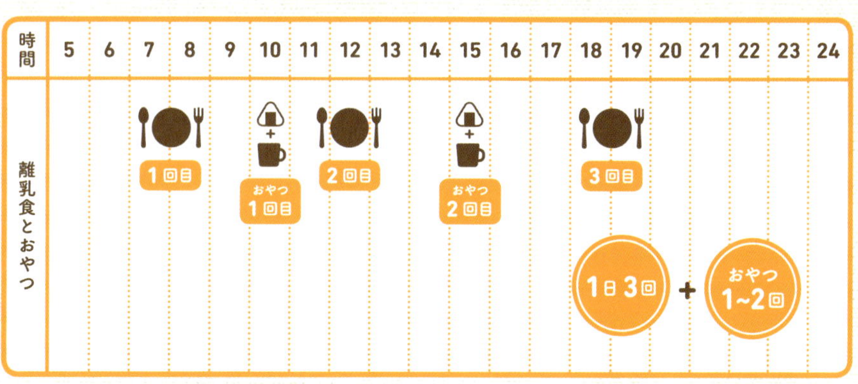


## スプーン・フォークについて

手づかみ食べが上手になったら、赤ちゃん用のスプーン・フォークを用意して自分で食べる練習をしましょう。カーブがあり、赤ちゃんがにぎりやすいものがおすすめです。

## 飲み物について

1歳を過ぎたら牛乳を飲めるようになります。食後やおやつに飲ませましょう。1日あたりの目安量は合計で200～300㎖。牛乳はカルシウムなどの栄養素が豊富ですが、脂肪分も多いのでとりすぎないように注意しましょう。

牛乳

## 1食分の目安量

主食は軟飯が基本になり、パンはロールパンなども食べられるようになります。野菜は合計40〜50g程度が目安。たんぱく質は生ものや豚バラ肉のような脂肪が多い部位以外はほとんど食べられるようになります。

### 炭水化物

いずれか
- 軟飯なら　80g（〜ご飯80g）
- ゆでうどんなら　90g
- 食パン（8枚切り）なら　35〜40g

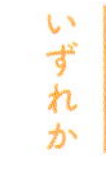

### ビタミン・ミネラル

野菜：合計 40〜50g＋果物 20g

いずれか

|  | |  |  | |
|---|---|---|---|---|
| にんじんなら | 40〜50g | | バナナなら | 20g |
| かぼちゃなら | 40〜50g | ＋ | りんごなら | 20g |
| ほうれん草なら | 40〜50g | | みかんなら | 20g |

### たんぱく質

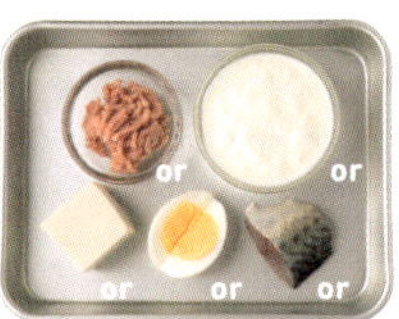

いずれか
- 肉（牛・豚ひき肉など）なら　15〜20g
- 魚（さばなど）なら　15〜20g
- 豆腐なら　50〜55g
- 全卵なら　1/2個分〜2/3個分
- ヨーグルトなら　100g

※分量はあくまで目安です。個人差があるので量は調整してOKです。

## 食材の固さ

歯ぐきでかめる、やわらかい肉だんご程度の固さが目安です。1cm程度の角切りから始め、スティック、乱切りなど色々な形に挑戦していきましょう。

## 調味料

バター、油のほかに、マヨネーズやケチャップも使えるようになります。マネヨーズには卵黄が含まれることが多いので卵アレルギーがある場合は注意を。

# 〈完了期〉1歳～1歳6カ月ごろ

## 献立の考え方

主食＋主菜＋副菜を基本に考えます。炭水化物は軟飯、パン、麺類などとバリエーション豊かにしましょう。食べられる食材が増えるので、大人の食事からの取り分け離乳食も作りやすくなります。

### この時期は2週間分の献立例を掲載しています

完了期の献立は2週間分を掲載しています。最初の1カ月は2週間ずつサイクルするか、数日ずつ続けてください。その後は食材をさまざまなものに置き換えたり、レシピをアレンジしてみましょう。赤ちゃんの食べ具合に合わせて形や大きさを変えていってください。

## 手づかみメニューの幅を広げよう

食べ物を手に持ち、ひと口分をかみちぎることができるようになります。食べ物を長めにカットし、魚、おにぎりなどバリエーションを増やしましょう。手づかみ食べと並行してスプーンで食べる練習も始めます。

### おすすめの手づかみメニュー

5cm ほど
1cm角

**にんじん**

長めにカットし、かみちぎる練習をします。口の動きは自由自在になってきますが、まだかむ力は弱いのでやわらかくゆでて。

10cm
1.5cm角

**パン**

パンもスティック状に切って持たせます。軽くトーストすると香ばしくなり、食感が出て、よりおいしく食べられます。

4cmほど
5mm厚さ

**魚**

めかじきなど身がくずれにくい魚も手づかみ食べをさせてみましょう。ゆでて皮や骨を取り除き、スティック状に切ります。

## おやつについて

この時期のおやつは、3回の食事で足りない分を補う「第4の食事」と考えます。目安量は、1日に必要なエネルギーの1割程度。おにぎりやパンなど炭水化物を中心に、果物、ベビー用の市販のお菓子、右ページのような手作りのおやつを与えましょう。牛乳や麦茶なども組み合わせて。

# おやつの手作りレシピ

## 牛乳寒天いちごソース

乳製品

**材料（3食分）**

- 水…100mℓ
- 牛乳…200mℓ
- 寒天…3g
- いちご…適量

**作り方**

1 小鍋に水を入れ沸騰させる。
2 1に寒天を入れ、完全に溶けるまでゴムベラなどで混ぜ合わせながら加熱する。
3 2に牛乳を加え、さらに加熱する。
4 3の粗熱が取れたら、容器やバットに入れて、冷やし固める。
5 4が固まったら食べやすい大きさにカットして、上からいちご（きざんだいちごをつぶして裏ごしする）をかける。

乳製品 卵

## 牛乳かぼちゃプリン

**材料（4個分）**

- かぼちゃ…40g
- 牛乳…100mℓ
- 卵黄…1個

**作り方**

1 かぼちゃはやわらかくゆで、フォークの背などでつぶす。
2 1に牛乳、卵黄を入れ泡立て器でよく混ぜる。
3 2を4等分して、耐熱容器に流し入れる。
4 3を蒸し器に入れ、弱火で10分蒸したら、火を止めて3分ほど蒸らす。
5 4の粗熱が取れたら、冷蔵庫で冷やす。

## 米粉のシンプル蒸しパン

**材料（3個分）**

- 米粉…50g
- 塩…少々
- てんさい糖…2g
- 豆乳…60mℓ
- ベーキングパウダー…小さじ1/2

**作り方**

1 すべての材料をボウルに入れてスプーンでよく混ぜ合わせる。
2 1を型に入れて、強火で10分程度蒸す。

小麦

## きなこボーロ

**材料**

- きなこ…3g
- 豆腐（絹ごし）…15g
- ホットケーキミックス…15g
- 片栗粉…10g
- 黒ごま（※1）…3g

**作り方**

1 材料をすべて混ぜ、耳たぶくらいのやわらかさにする。
2 1を小さく丸め、アルミホイルを敷いたトースターで5分程度加熱する。

※1 ごまはまれにアレルギー反応が出る場合があります。食べさせるときは注意しましょう。

〈完了期〉

# 1歳～1歳6カ月ごろ

## 1回目

主食

### 軟飯 80g

▶P155

主菜

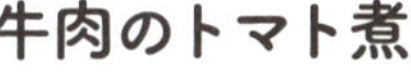

### 牛肉のトマト煮

**材料**

- 牛肉（薄切り）…20g
- 玉ねぎ…10g
- じゃがいも…5g
- にんじん…5g
- アスパラガス…5g
- トマト…40g
- 野菜スープ…80mℓ

**作り方**

1 牛肉は脂身、すじを取り除いて、ゆでて火を通し、みじん切りにする。
2 野菜は、皮や種を取り除き、1cm角に切り、耐熱容器に入れ、電子レンジで1分ほど加熱する。
3 小鍋に、1、2、野菜スープを入れ、材料がやわらかくなるまで煮こむ。

## 2回目

主食

### 小松菜の焼きおにぎり

**材料**

- 小松菜…10g
- しらす干し…5g
- 軟飯…80g

**作り方**

1 小松菜は5mm角のみじん切りにして、ゆでる。
2 しらすは茶こしに入れ、お湯をかけて塩気を抜く。
3 軟飯に1と2を混ぜて、おにぎりを作る。
4 フライパンで両面に焼き色がつくまで焼く。

主菜

### まぐろスティック

**材料**

- 醤油…数滴
- だし汁…小さじ1
- まぐろ（刺身）…15g
- 片栗粉…適量
- 油…少々

**作り方**

1 醤油とだし汁を合わせる。
2 まぐろは1cm幅に切り、1のタレに5分ほどつけておく。
3 2に片栗粉をまぶし、油をひいたフライパンで弱火から中火で両面を焼く。

副菜　乳製品

### アスパラとさつまいものポタージュ

**材料**

- アスパラガス…15g
- さつまいも…30g
- ツナ（ノンオイル）…5g
- 牛乳…30mℓ

**作り方**

1 アスパラガスはピーラーで皮をむき、ゆでて粗いみじん切りにする。
2 さつまいもは皮をむき、ゆでてマッシュする。
3 ツナは水気を切って、ほぐしておく。
4 小鍋に、1、2、3と牛乳を入れ、軽く煮こむ。

## 3回目

卵 小麦 乳製品 主食

### パプリカ入りパンケーキ

**材料**

- パプリカ…5g
- りんご…5g
- ホットケーキミックス…20g
- ヨーグルト（無糖）… 10g
- 卵…大さじ1
- 油…少々

**作り方**

1 パプリカの種、わた、ヘタを取り除き、ラップに包み電子レンジで約30秒加熱する。
2 1をすぐに冷水にさらし、皮をむき、みじん切りにする。
3 りんごをすりおろす。
4 ボウルにホットケーキミックス、ヨーグルト、卵を入れて混ぜる。
5 4に2のパプリカと、3のりんごを入れ、さらに混ぜる。
6 フライパンに薄く油をひき、5の生地を流し込み、両面に焼き色がつくまで焼く。

### カッテージチーズときゅうりのバーニャカウダ風

**材料**

- きゅうり…30g
- カッテージチーズ…10g ▶P115
- 牛乳…15mℓ
- 片栗粉…適量

**作り方**

1 きゅうりは皮をむき、太さ1cm、長さ5cmほどのスティック状にカットする。
2 1をやわらかくゆで、水気を切っておく。
3 カッテージチーズと牛乳、片栗粉ひとつまみを混ぜ電子レンジで約20秒加熱する。
4 2のきゅうりを3にディップしながら食べる。



●献立はあくまでサンプルです。赤ちゃんの成長や発達に合わせて無理なく進めましょう。●赤ちゃんが食物アレルギーの診断を受けている、または疑いのある場合は必ず医師と相談の上進めてください。●レシピの食材は旬のものや自宅にあるものに置き換えてもかまいません（ただし、この時期に食べられる食材かどうかチェックしましょう）。

# 2日目 〈完了期〉 1歳～1歳6カ月ごろ 3回食

## 1回目

### ロールパン

**材料**
- ロールパン…1個

**作り方**
1 ロールパンは1㎝厚さほどにスライスし、さらに半分に切る。

### 鮭のソテー トマトソース仕立て

**材料**
- トマト…1/4個
- 鮭…20g
- バター…小さじ1/4
- 青のり…適量

**作り方**
1 トマトは湯むきして種を取り除き、ざく切りにする。
2 鮭は骨と皮を取り除き、食べやすい大きさに切る。
3 フライパンにバターを溶かし、中まで火が通るよう2の両面を焼く。
4 フライパンから3を取り出してトマトを入れ、ソース状に形が崩れるまで煮こむ。
5 皿に3を盛りつけ、上から4と青のりをかける。

### キウイのヨーグルトサラダ

**材料**
- キウイフルーツ…10g
- トマト…10g
- とうもろこし…10g
- ヨーグルト（無糖）…20g

**作り方**
1 キウイフルーツは皮をむいて、中央の白いすじを取り除き、粗いみじん切りにする。
2 トマトは湯むきして、種を取り除き、みじん切りにする。
3 とうもろこしはゆでて粒に分け、みじん切りにする。
4 1、2、3とヨーグルトを混ぜ合わせる。

## 2回目

### まぐろ入りおにぎり

**材料**

- まぐろ（刺身）…1切れ
- 塩…少々
- 軟飯…80g
- のり…全形1/2枚

**作り方**

1 まぐろはさっとゆでて身をほぐす。
2 軟飯に1と塩を混ぜ込む。
3 のりを横長に置き、下半分に軟飯を薄く敷き、残ったのりの上半分を折り込む。
4 3がひと口サイズになるよう、包丁で手早くカットする。

### アスパラの和風野菜スティック

**材料**

- アスパラガス…穂先5本分
- だし汁…50mℓ

**作り方**

1 アスパラガスは穂先を4cmほどに切る。
2 小鍋にだし汁、1を入れ、やわらかくなるまで煮る。

## 3回目

### 牛肉とニラのうどん

**材料**

- ゆでうどん…90g
- 牛肉（薄切り）…15g
- ニラ…5g
- 玉ねぎ…10g
- だし汁…80mℓ
- 醤油…2滴
- 片栗粉…適量

**作り方**

1 うどんは2cm程度に切っておく。
2 牛肉は脂身、すじを取り除いて、ゆでて火を通し、みじん切りにする。
3 ニラ、玉ねぎは粗くみじん切りにする。
4 鍋に、だし汁、1、2、3を入れ、材料がやわらかくなるまで煮こむ。
5 4に醤油を加え、最後に水溶き片栗粉でとろみをつける。

### パプリカのきんぴら炒め

**材料**

- パプリカ…15g
- にんじん…15g
- 玉ねぎ…15g
- 醤油…2滴
- 砂糖…少々
- かつお節…少々
- 油…少々

**作り方**

1 パプリカの種、わた、ヘタを取り除き、ラップに包み電子レンジで約30秒加熱する。
2 1をすぐに冷水にさらし、皮をむき、短い細切りにする。
3 にんじんと玉ねぎを短い細切りにし、ラップをかけて電子レンジで約1分30秒加熱する。
4 フライパンに薄く油をひき、2、3を炒め、しっかりと火が通ったら、醤油と砂糖を足し、さらに炒める。
5 火からおろしかつお節を混ぜる。

● 献立はあくまでサンプルです。赤ちゃんの成長や発達に合わせて無理なく進めましょう。● 赤ちゃんが食物アレルギーの診断を受けている、または疑いのある場合は必ず医師と相談の上進めてください。● レシピの食材は旬のものや自宅にあるものに置き換えてもかまいません（ただし、この時期に食べられる食材かどうかチェックしましょう）。

# 3日目

〈完了期〉
1歳～1歳6カ月ごろ 3回食

1回目

## パン

**材料**

- 食パン（8枚切り）…1枚

**作り方**

1 食パンは耳を除き、8等分の細切りにし、トースターで薄く色づくまで焼く。

## ぶりのヨーグルトソテー

**材料**

- ぶり（刺身）…2切れ
- ヨーグルト（無糖）…20g
- 小麦粉…適量
- バター…5g

**作り方**

1 ぶりの表面にヨーグルトを塗って冷蔵庫で20分ほど置く。
2 1のヨーグルトをふき取り、小麦粉をまぶす。
3 熟したフライパンにバターを溶かし、2の両面をこんがりと焼く。

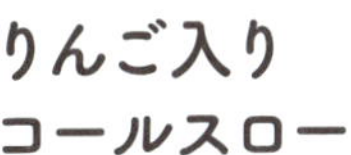

## りんご入りコールスロー

**材料**

- りんご…1/6個
- キャベツ…10g
- にんじん…5g
- きゅうり…5g
- マヨネーズ…少々

**作り方**

1 りんごは皮をむき、1cm角に切り耐熱容器に水と一緒に入れ、電子レンジで2分加熱する。
2 キャベツ、にんじん、きゅうりを8mm大に切り、鍋でやわらかくゆでる。
3 ボウルに水気を切った1と2を入れ、マヨネーズを加えて混ぜ合わせる。

2回目

## 軟飯 80g

▶P155

## ブロッコリーの卵焼き

**材料（2食分）**

- ブロッコリー…15g
- 卵…1個
- 豆乳…10mℓ
- 粉チーズ…5g
- 油…少々

**作り方**

1 ブロッコリーは小房に分けてゆで、2～3mm角にカットする。
2 卵を割りほぐし、1と豆乳と粉チーズを混ぜ合わせる。
3 フライパンに油をひいて、2を流し入れ、くるくると巻きながら焼く。

2回目P195に続きます

副菜

## 豚汁

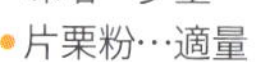

**材料**
- 豚うす切り肉（もも）…10g
- 大根…10g
- しいたけ…5g
- にんじん…5g
- だし汁…100mℓ
- 味噌…少量
- 片栗粉…適量

**作り方**
1. 豚肉は脂身を取り除き、幅1cmの細切りにする。
2. 大根、しいたけ、にんじんは粗みじん切りにする。
3. 鍋に1、2、だし汁を入れ、野菜がやわらかくなるまで煮る。
4. 3に味噌を溶き、水溶き片栗粉でとろみがつくまで煮る。

---

**3回目**

主食

## 軟飯 80g

▶P155

主菜 卵

## オクラチャンプル

**材料**
- オクラ…20g
- 玉ねぎ…5g
- にんじん…5g
- 豆腐（木綿）…30g
- 豚ひき肉…10g
- 醤油…少々
- 卵…1/2個
- 油…少々

**作り方**
1. オクラは種を取り除き、薄切りにする。
2. 玉ねぎ、にんじんは皮をむき、小さめのせん切りにする。
3. 豆腐は1cm角に切る。
4. 熱したフライパンに薄く油をひいて、豚ひき肉を入れて炒める。
5. 4に1、2を入れ、野菜に火が通るまで炒める。
6. 5に3の豆腐を入れ、さっと混ぜ、醤油を垂らす。
7. 6に溶いた卵を流し入れ、卵に火が通るまで炒める。

副菜

## ミニトマト

**材料**
- ミニトマト…20g（2個分）

**作り方**
1. ミニトマトは湯むきし、半分に切って小さいスプーンの先で種を取り除き、ひと切れを3等分のくし形切りにする。



●献立はあくまでサンプルです。赤ちゃんの成長や発達に合わせて無理なく進めましょう。●赤ちゃんが食物アレルギーの診断を受けている、または疑いのある場合は必ず医師と相談の上進めてください。●レシピの食材は旬のものや自宅にあるものに置き換えてもかまいません（ただし、この時期に食べられる食材かどうかチェックしましょう）。

〈完了期〉

# 1歳〜1歳6カ月ごろ

3回食

## 1回目

### 軟飯
### 80g

▶P155

### ぶり大根

**材料**

- ぶり（刺身）…2切れ
- 大根…15g
- ほうれん草…10g
- だし汁…50mℓ
- 醤油…少々

**作り方**

1 ぶりはゆでて身をほぐす。
2 大根はすりおろす。
3 ほうれん草はやわらかくゆで、みじん切りにする。
4 小鍋に1、2、3、だし汁を入れ、ひと煮立ちさせる。
5 4に醤油を垂らして風味をつける。

### ブロッコリーのおかかあえ

**材料**

- ブロッコリー…20g
- かつお節…2g
- 醤油…適量

**作り方**

1 ブロッコリーは5mm角にカットし、やわらかくゆでる。
2 ゆであがったらかつお節と醤油少々であえる。

## 2回目

### りんごの蒸しパン

**材料**

- りんご…1/8個
- レーズン…5g
- ホットケーキミックス…20g
- 水…20mℓ

**作り方**

1 りんごは皮をむき5mmくらいの角切りに、レーズンは細かくきざむ。
2 ホットケーキミックスと水をボウルに入れ、泡立て器でダマがなくなるまでよく混ぜ合わせる。
3 2に1を加え、ゴムベラで軽く混ぜ合わせる。
4 3の生地をカップに入れ、シリコンスチーマーに入れ電子レンジで2〜3分加熱するか、蒸し器で10分蒸す。

副菜 乳製品

### オクラとツナのチーズサラダ

**材料**

- オクラ…20g
- きゅうり…5g
- トマト…5g
- プロセスチーズ…10g
- ツナ（ノンオイル）…10g

**作り方**

1 オクラはゆでて種を取り除き、薄切りにする。
2 きゅうりは皮をむき、薄切りにする。
3 トマトは湯むきして、種を取り除き、5mm程度の角切りにする。
4 チーズは5mmの角切りにする。
5 ツナは水気を切っておく。
6 1、2、3、4、5を混ぜ合わせる。

3 回目

## 納豆チャーハン

卵 主食

**材料**

- 玉ねぎ…10g
- 納豆…1/2パック
- ほうれん草…10g
- 軟飯…80g
- 卵…1/2個
- 醤油…2〜3滴

**作り方**

1 玉ねぎとほうれん草はゆでてみじん切りにする。

2 ボウルに卵を割ってよくほぐす。

3 フライパンに薄く油をひくか、テフロン加工のフライパンを中火で熱し、2を流し入れてかき混ぜる。

4 卵が固まってきたら、1の玉ねぎを入れて、しんなりするまで炒める。

5 4に1のほうれん草と、よく混ぜた納豆を加え、さらに炒める。

6 5に軟飯を加え、材料が混ざったら、醤油を加え、よく混ぜ合わせる。

## もやしとキャベツのサラダ

**材料**

- もやし…10g
- キャベツ…10g
- トマト…10g
- かつお節…適量

**作り方**

1 もやしはひげ根と豆を取り除いてゆでて、粗みじん切りにする。

2 トマトは湯むきして種を取り除き、粗みじん切りにする。

3 キャベツはゆでて、粗みじん切りにする。

4 1、2、3とかつお節をあえる。

●献立はあくまでサンプルです。赤ちゃんの成長や発達に合わせて無理なく進めましょう。●赤ちゃんが食物アレルギーの診断を受けている、または疑いのある場合は必ず医師と相談の上進めてください。●レシピの食材は旬のものや自宅にあるものに置き換えてもかまいません（ただし、この時期に食べられる食材かどうかチェックしましょう）。

# 5日目

## 〈完了期〉 1歳～1歳6カ月ごろ

**1回目**

小麦　乳製品　主食

### 納豆とトマトチーズのトースト

**材料**
- 食パン(8枚切り)…1枚
- トマト…20ｇ
- 納豆(ひき割り)…1/2パック
- カッテージチーズ(※1)…適量▶P115

**作り方**
1. 食パンの耳を切り落とし4等分にカットする。
2. 湯むきして種を除いたトマトをみじん切りにする。
3. 食パンによく混ぜた納豆と2を広げるようにのせる。
4. 3にカッテージチーズをのせる。
5. オーブントースターで約3分焼く。(※2)

※1 離乳食の進み具合によっては、カッテージチーズの代わりにとろけるチーズやクリームチーズを代用しても。
※2 オーブントースターによって加熱時間が異なりますので、3分を目安に加減してください。

### モロヘイヤオムレツ

**材料**
- モロヘイヤ…10g
- 卵…1/2個
- だし汁…10mℓ

**作り方**
1. モロヘイヤはやわらかくゆで、みじん切りにする。
2. ボウルに、1と卵、だし汁を入れ、泡立て器でよくかき混ぜる。
3. フライパンを熱して2の卵液を流し入れ、巻きながら焼く。
4. 3を食べやすい大きさに切る。

## 2回目

### ごぼうとささみのまぜご飯

**材料**

- ごぼう…20g
- にんじん…10g
- 鶏ささみ…10g
- だし汁…70㎖
- ご飯…70g
- 醤油…5滴

**作り方**

1 ごぼうの土を洗い流し、ピーラーで皮をむき、水にさらしてアク抜きをする。
2 1をやわらかくゆでて、すりおろす。
3 にんじんの皮をむき、粗みじん切りにする。
4 鶏ささみは、粗みじん切りにする。
5 小鍋にだし汁を入れて沸騰させ、2、3、4を入れて煮る。
6 5にご飯を入れて軽く煮込み、最後に醤油を垂らす。

### 赤ちゃん用餃子

**材料（5食分・15個）**

- キャベツ…10g
- 長ねぎ…10g
- しいたけ…10g
- 豚ひき肉（赤身）…100g
- 醤油…数滴
- 餃子の皮（小）…15枚

**作り方**

1 キャベツ、長ねぎ、しいたけをみじん切りにする。
2 1と豚ひき肉、醤油をよく混ぜ合わせる。
3 餃子の皮の中央に2のタネをのせ、皮の周辺に水をつけて包む。
4 鍋に湯を沸かし3の餃子をゆでる。

## 3回目

主食

### 軟飯 80g

▶P155

### ぶりそぼろ

**材料**

- にんじん…10g
- 小松菜…10g
- ぶり（刺身）…2切れ
- だし汁…20㎖
- 醤油…3滴

**作り方**

1 にんじんと小松菜をやわらかくゆでて、みじん切りにする。
2 ぶりはゆでてほぐす。
3 小鍋に1、2、だし汁を入れ、煮詰める。
4 3に醤油を垂らして風味をつける。

### 白菜とさつまいものおやき

**材料**

- 白菜…5g
- ほうれん草…5g
- さつまいも…20g
- 片栗粉…5g

**作り方**

1 白菜とほうれん草は、やわらかくゆでてみじん切りにする。
2 さつまいもはやわらかくゆでて、マッシュする。
3 ボウルに1と2、片栗粉を入れて混ぜる。
4 3の形を整えて、フライパンで両面をこんがりと焼く。



●献立はあくまでサンプルです。赤ちゃんの成長や発達に合わせて無理なく進めましょう。●赤ちゃんが食物アレルギーの診断を受けている、または疑いのある場合は必ず医師と相談の上進めてください。●レシピの食材は旬のものや自宅にあるものに置き換えてもかまいません（ただし、この時期に食べられる食材かどうかチェックしましょう）。

# 6日目

## 〈完了期〉
## 1歳〜1歳6カ月ごろ

3回食

### 1回目

### 軟飯
80g

▶P155

### ぶりとインゲンのチーズ焼き

**材料**

- ぶり（刺身）…2切れ
- インゲン…5g
- にんじん…5g
- とろけるチーズ…1/2枚

**作り方**

1 ぶりはゆでて、身をほぐす。
2 インゲンとにんじんはやわらかくゆでて、粗めのみじん切りにする。
3 耐熱皿に1と2を盛りつけ、とろけるチーズをのせて、トースターで5分程度加熱する。

### ごぼうのきんぴら

**材料**

- ごぼう…20g
- にんじん…5g
- 小松菜…5g
- ごま油…少々
- だし汁…小さじ1
- 醤油…3滴

**作り方**

1 ごぼうの土を洗い流し、ピーラーで皮をむき、水にさらしてアク抜きをする。
2 1を鍋に入れて水からゆで、半量はすりおろす。
3 にんじんの皮をむき、小さめのせん切りにする。のこりのごぼうも小さめのせん切りにする。
4 小松菜は2〜3mmに切る。
5 フライパンをあたためて、ごま油をひき、2、3、4を炒める。
6 5にだし汁を加えて炒め、最後に醤油を垂らして味をととのえる。

2回目

主食 卵

## 2色そぼろ丼

**材料**

- 卵…1/2個
- 鶏ひき肉…20g
- 醤油…2滴
- 軟飯…80g
- 油…少々

**作り方**

1 フライパンに油をひき、溶いた卵を流し入れ、菜箸でくるくると混ぜながら炒り卵を作る。
2 別のフライパンに油をひき、鶏ひき肉を炒め、醤油を加える。
3 軟飯を器に盛り、1、2を上にのせる。

副菜

## オクラとモロヘイヤのおひたし

**材料**

- オクラ…20g
- モロヘイヤ…20g
- だし汁…小さじ1
- すりごま…少々

**作り方**

1 オクラはやわらかくゆで、種を取り除き、薄切りにする。
2 モロヘイヤはやわらかくゆで、みじん切りにする。
3 1、2とだし汁、すりごまを混ぜ合わせる。

3回目

小麦 乳製品 主食

## かぼちゃと鶏のクリームパスタ

**材料**

- かぼちゃ…15g
- 鶏むね肉…15g
- 玉ねぎ…10g
- トマト…15g
- スパゲティ…20g
- バター…(無塩) 2g
- ホワイトソース…大さじ3 ▶P141
- 野菜スープ…30mℓ

**作り方**

1 かぼちゃは、種と皮を除いて7mm角に、鶏肉は薄切りにする。
2 玉ねぎはみじん切りに、トマトは湯むきし、種を除き小さく切る。
3 ゆでる前のスパゲティを2cmほどに折って、やわらかめにゆでる。
4 フライパンにバターを溶かし、1と2の玉ねぎを炒め、火を止めホワイトソースを加える。
5 4に野菜スープ、2のトマト、3を加えさっと煮こむ。



●献立はあくまでサンプルです。赤ちゃんの成長や発達に合わせて無理なく進めましょう。●赤ちゃんが食物アレルギーの診断を受けている、または疑いのある場合は必ず医師と相談の上進めてください。●レシピの食材は旬のものや自宅にあるものに置き換えてもかまいません(ただし、この時期に食べられる食材かどうかチェックしましょう)。

〈完了期〉
# 1歳〜1歳6カ月ごろ

## 1回目

### チーズとキャベツのトースト

主食 小麦 乳製品

**材料**
- プロセスチーズ…15g
- キャベツ…20g
- 食パン（8枚切）…1枚

**作り方**
1 チーズは2〜3mm程度の大きさに切る。
2 キャベツは粗めのみじん切りにして、ラップをかけて電子レンジで20秒程度加熱する。
3 食パンの耳を切り1、2をのせて、トースターで2分程度焼く。
4 3を食べやすい大きさにカットする。

### 卵とトマトのサラダ

副菜 卵

**材料（2食分）**
- 卵…1個
- トマト…1/4個
- ほうれん草…10g
- 豆乳…10mℓ

**作り方**
1 ゆで卵を作り、みじん切りにする。
2 トマトは湯むきして種を取り除き、みじん切りにする。
3 ほうれん草はゆでてみじん切りにする。
4 1、2、3と豆乳を混ぜ合わせる。

## 2回目

主食

### 軟飯 80g

▶P155

### なすのグラタン

主菜 小麦 乳製品

**材料**
- なす…30g
- 玉ねぎ…5g
- ほうれん草…5g
- 鶏ひき肉…10g
- ホワイトソース…50g ▶P141
- とろけるチーズ…1/2枚

**作り方**
1 なすの皮をむき、粗くみじん切りにしたら、水にさらしてアク抜きをする。
2 玉ねぎ、ほうれん草は、やわらかくゆでて粗くみじん切りにする。
3 鶏ひき肉は、ラップをかけて電子レンジで20秒ほど火が通るまで加熱する。
4 耐熱容器に、1、2、3を入れ、ホワイトソース、チーズをかけ、オーブントースターで3分程度焼く。

### ごぼうのあんかけ

副菜

**材料**
- ごぼう…20g
- 豆腐（絹ごし）…30g
- だし汁…50mℓ
- 片栗粉…適量

**作り方**
1 ごぼうの土を洗い流し、ピーラーで皮をむき、水にさらしてアク抜きをする。
2 1をやわらかくゆでて、すりおろす。
3 豆腐は5mm角程度にカットする。
4 小鍋に1、2、だし汁を入れ、やわらかく煮こむ。
5 4に水溶き片栗粉を入れてとろみがつくまで煮る。

## 3回目

### 牛そぼろのおにぎり

**材料**

- 牛ひき肉…20g
- 軟飯…80g
- 醤油…1〜2滴
- 油…少々
- 焼きのり…全形1/2枚

**作り方**

1. フライパンに薄く油をひき、牛ひき肉を炒める。
2. 1に醤油を加え、味をととのえる。
3. 半分にカットしたのりの上に軟飯の半量をのせ、その上に2、さらに残りの軟飯をのせる。
4. 3にのりをかぶせ、5分ほどおいてなじませる。
5. 4を食べやすい大きさにカットする。

### そうめん入り味噌汁

**材料**

- 玉ねぎ…10g
- だし汁…50mℓ
- にんじん…10g
- 味噌…2g
- そうめん…10g

**作り方**

1. 玉ねぎとにんじんはやわらかくゆでてみじん切りにする。
2. そうめんは乾燥した状態で細かく折り、やわらかくゆで、流水でよく洗い塩抜きをする。
3. 小鍋に1、2、だし汁を加えひと煮立ちさせる。
4. 火を止めてから味噌を溶かし入れる。

### 白菜とツナの煮物

**材料**

- ツナ(ノンオイル)…10g
- だし汁…30mℓ
- 白菜…15g
- 片栗粉…適量

**作り方**

1. ツナは水気をしっかりと切る。
2. 白菜は粗くみじん切りにする。
3. だし汁に1と2を入れ、ひと煮立ちさせる。
4. 3に水溶き片栗粉を入れてとろみがつくまで煮る。



●献立はあくまでサンプルです。赤ちゃんの成長や発達に合わせて無理なく進めましょう。●赤ちゃんが食物アレルギーの診断を受けている、または疑いのある場合は必ず医師と相談の上進めてください。●レシピの食材は旬のものや自宅にあるものに置き換えてもかまいません(ただし、この時期に食べられる食材かどうかチェックしましょう)。

# 8日目

〈完了期〉
1歳〜1歳6カ月ごろ　3回食

## 1回目

主食　小麦

### ツナとトマトのサンドイッチ

**材料**
- トマト…1/8個
- ツナ（ノンオイル）…10g
- サンドイッチ用食パン…1枚

**作り方**
1 トマトは湯むきし、種と取り除き、みじん切りにする。
2 ツナは水気を切ってほぐす。
3 1、2を混ぜ合わせ、電子レンジで約30秒加熱する。
4 食パンを半分に切り、3をはさんで食べやすい大きさに切る。

### ごぼうサラダ

**材料（2食分）**
- ごぼう…30g
- きゅうり…10g
- にんじん…10g
- ヨーグルト（無糖）…20g

**作り方**
1 ごぼうは土を洗い流し、ピーラーで皮をむいたらささがきにし、水にさらしてアク抜きをする。
2 小鍋で1を水からやわらかくゆでる。
3 きゅうり、にんじんは皮をむき、細めのせん切りにし、水と耐熱容器に入れ、ラップをかけて電子レンジで1分ほど加熱する。
4 2、3、ヨーグルトを混ぜ合わせる。

## 2回目

### 軟飯
80g

▶P155

### かれいのピカタ

**材料（2食分）**
- かれい…30g
- 塩…少々
- 青のり…適量
- 小麦粉…適量
- 卵…1/2個
- バター…少々

**作り方**
1 かれいは食べやすい大きさに切って、骨があれば取り除く。
2 1に塩、青のり、小麦粉をまぶす。
3 卵を割りほぐし、2をくぐらせる。
4 フライパンにバターを溶かし、3を両面焼く。

2回目P205に続きます

副菜

## ラタトゥイユ

**材料**
- なす…20g
- ピーマン…5g
- パプリカ…5g
- トマト…30g
- 玉ねぎ…5g
- コンソメ（赤ちゃん用）…少々

**作り方**
1 なすは皮をむき、5mm角に切り、水にさらしてアク抜きをする。
2 ピーマン、パプリカ、トマト、玉ねぎは種と皮、わたやヘタなどを取り除き、5mm角に切る。
3 小鍋に、1、2、コンソメを入れ、ひたひたになるくらいの水を入れてやわらかく煮こむ。

## 3回目

主食

## 軟飯 80g

▶P155

主菜

## 牛肉とブロッコリーの炒め物

**材料**
- ブロッコリー…25g
- 牛肉（薄切り）…15g
- 片栗粉…適量
- 醤油…2〜3滴
- 油…少々

**作り方**
1 ブロッコリーはやわらかくゆで、粗くみじん切りにする。
2 牛肉は脂身とすじを取り除いて細かく切り、片栗粉をなじませる。
3 熱したフライパンに油をひき、2を炒める。
4 肉の色が変わったら、1を加えてよく混ぜ、仕上げに醤油を垂らす。

副菜

## わかめとしらすのあんかけ

**材料**
- しらす…5g
- もやし…10g
- わかめ（乾燥）…小さじ1/3
- 醤油…2滴
- 片栗粉…適量

**作り方**
1 しらすは茶こしに入れ、お湯をかけて塩抜きをする。
2 もやしはひげ根を取り、やわらかくゆでて、5mm長さに切る。
3 水で戻したわかめをやわらかくゆで、みじん切りにする。
4 1、2、3を混ぜ合わせる。
5 4に醤油と水溶き片栗粉を加え、電子レンジで30秒ほど加熱する。



●献立はあくまでサンプルです。赤ちゃんの成長や発達に合わせて無理なく進めましょう。●赤ちゃんが食物アレルギーの診断を受けている、または疑いのある場合は必ず医師と相談の上進めてください。●レシピの食材は旬のものや自宅にあるものに置き換えてもかまいません（ただし、この時期に食べられる食材かどうかチェックしましょう）。

# 9日目 〈完了期〉 1歳〜1歳6カ月ごろ 3回食

1回目

主食 小麦 乳製品

## しらすサンド

**材料**
- しらす…15g
- 食パン（8枚切り）…1枚
- かぼちゃペースト…15g ▶P60
- とろけるチーズ…1枚

**作り方**
1 しらすは茶こしかザルに入れ、熱湯をかけて塩抜きをする。
2 食パンは耳を除き、1とかぼちゃペーストをのせ、その上にとろけるチーズをのせる。
3 2をオーブントースターで2分ほど焼く。
4 3を半分に切り、具が中になるように重ねる。
5 4の耳を切り、食べやすい大きさにカットする。

## チーズとトマトのオムレツ

**材料（2食分）**
- ほうれん草…10g
- トマト…10g
- 卵…1個
- クリームチーズ…20g
- 塩…少々

**作り方**
1 ほうれん草をみじん切りにして、ラップをかけて電子レンジで20秒ほど加熱する。
2 トマトは湯むきして種を取り除き、2〜3㎜角にカットする。
3 クリームチーズは2〜3㎜角にカットする。
4 ボウルに卵を割りほぐす。
5 4に1、2、3、塩を入れて混ぜ合わせる。
6 5を耐熱容器に入れ、ラップをふんわりとかけて電子レンジで1分30秒ほど加熱する。

2回目

## フレンチトースト

**材料**
- 牛乳…50㎖
- 溶き卵…1/2個
- てんさい糖…少々
- 食パン（8枚切り）…1枚
- バター…適量

**作り方**
1 牛乳、溶き卵、てんさい糖をよく混ぜ合わせる。
2 食パンの耳を切り落として、適当な大きさに切り、1によくひたす。
3 フライパンにバターを溶かし、2を両面に焼き色がつくまで焼く。

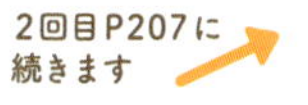
2回目P207に続きます

主菜

## 枝豆と豆腐の味噌あえ

**材料**

- 枝豆…20g
- 豆腐（絹ごし）…30g
- 味噌…少々

**作り方**

1 枝豆はゆでて薄皮を取り除き、みじん切りにする。
2 豆腐は1㎝角に切る。
3 1、2に味噌を加え、混ぜ合わせる。

副菜

## スイカサラダ

**材料**

- スイカ…20g
- アボカド…5g
- きゅうり…5g
- トマト…5g

**作り方**

1 スイカを1cmの角切りにする。
2 きゅうりを薄切りにして食べやすい大きさに切る。
3 トマトは湯むきして種を取り除き、1cmの角切りにする。
4 アボカドは皮と種を取り除き、1cmの角切りにする。
5 ボウルに1、2、3、4を入れ、軽く混ぜ合わせる。

3回目

主食

## 赤ちゃん用牛丼

**材料**

- 牛肉（薄切り）…20g
- てんさい糖…少々
- 玉ねぎ…10g
- 醤油…2滴
- だし汁…20mℓ
- 軟飯…80g

**作り方**

1 牛肉は脂身、すじを取り除いて、ゆでて火を通し、みじん切りにする。
2 玉ねぎは短いせん切りにし、耐熱容器に入れ、ラップをかけて電子レンジで1分程度加熱する。
3 小鍋に1、2と軟飯以外のすべての材料を入れ、軽く煮こむ。
4 軟飯を茶碗に盛り、上に3をのせる。

副菜

## にんじんのポン酢きんぴら風

**材料**

- にんじん…30g
- かつお節…少々
- ポン酢…小さじ1/2

**作り方**

1 にんじんは皮をむき、細めのせん切りにする。
2 1を耐熱容器に入れ、にんじん全体にからむようにポン酢と水大さじ1をまわしかける。
3 2にラップをかけて、電子レンジで2分ほど加熱する。
4 にんじんに火が通ったら、かつお節をかけてよく混ぜる。



●献立はあくまでサンプルです。赤ちゃんの成長や発達に合わせて無理なく進めましょう。●赤ちゃんが食物アレルギーの診断を受けている、または疑いのある場合は必ず医師と相談の上進めてください。●レシピの食材は旬のものや自宅にあるものに置き換えてもかまいません（ただし、この時期に食べられる食材かどうかチェックしましょう）。

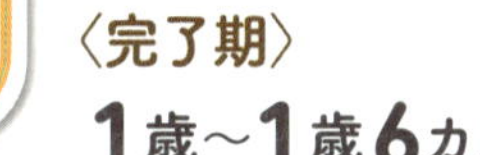

# 10日目

〈完了期〉
1歳～1歳6カ月ごろ

3回食

## 1回目

主食　卵　小麦　乳製品

### ケークサレ

**材料（パウンドケーキ型1本・6食分）**

- ブロッコリー…20g
- 玉ねぎ…20g
- コンソメ（赤ちゃん用）…小さじ1
- 薄力粉…150g
- ベーキングパウダー…小さじ2
- 卵…1個
- 牛乳…130mℓ
- スライスチーズ…1枚
- 油…少々

**作り方**

1 ブロッコリーと玉ねぎはやわらかくゆでて、みじん切りにする。
2 フライパンに薄く油をひき、1を炒め、コンソメを加えてさらに炒める。
3 薄力粉、ベーキングパウダー、卵、牛乳を混ぜ合わせ、2と手でちぎったスライスチーズを加える。
4 3を型に流し込み、200度に予熱したオーブンで約20分焼く。

乳製品

### 牛乳 100mℓ

## 2回目

主食

### 軟飯 80g

▶P155

主菜

### 牛肉とトマトの豆乳煮こみ

**材料**

- 牛肉（薄切り）…20g
- トマト…30g
- 豆乳…40mℓ

**作り方**

1 牛肉は脂身、すじを取り除いて1cm程度に切ってゆでる。
2 トマトは湯むきして種を取り除き、1cm角に切る。
3 鍋に1と2を入れ、豆乳を入れて沸騰させないように煮る。

副菜　乳製品

### ピーマンとじゃがいものバター炒め

**材料**

- じゃがいも…20g
- ピーマン…20g
- バター…少々
- 醤油…2滴

**作り方**

1 じゃがいもは、短いせん切りにして、電子レンジで30秒加熱する。
2 ピーマンは種、わた、ヘタを取り除き、ラップに包んで電子レンジで30秒ほど加熱する。
3 2を冷水にさらし、皮をむき、短いせん切りにする。
4 フライパンにバターを溶かし、1と3を炒め、最後に醤油を垂らす。

3回目

小麦 主食

## 鮭と豆腐のおやき

**材料**
- 豆腐(絹ごし)…25g
- 鮭…1/2切れ
- ほうれん草…15g
- ホットケーキミックス…20g
- 油…少々

**作り方**
1 豆腐をキッチンペーパーなどの上に出し、水切りする。
2 鮭は電子レンジで30秒ほど加熱し、骨と皮を取り除いて身をほぐす。
3 ほうれん草は、ゆでてみじん切りにしておく。
4 ボウルに1、2、3とホットケーキミックスを入れ、混ぜ合わせる。
5 フライパンをあたためて油をひき、スプーンで生地をすくって落とす。
6 中火で2分ほど焼き、裏返してさらに2分ほど焼く。

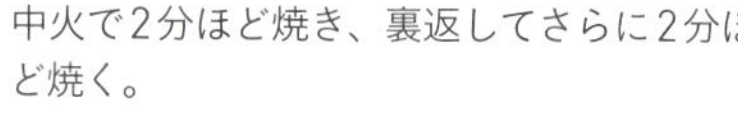

## アボカドヨーグルト

**材料**
- アボカド…15g
- ヨーグルト(無糖)…30g

**作り方**
1 アボカドの皮と種を取ってみじん切りにする。
2 1を耐熱皿に入れラップをかけ、電子レンジで約20秒加熱する。
3 2とヨーグルトを混ぜ合わせる。

副菜 乳製品

# 11日目

〈完了期〉
1歳～1歳6カ月ごろ

1回目

## ピーマンのピザトースト

**材料**

- トマト…20g
- 食パン（8枚切り）…1枚
- ピーマン 20g
- とろけるチーズ…1枚

**作り方**

1 トマトは湯むきし、種を取り除き、すりつぶす。
2 ピーマンの種、わた、ヘタを取り除き、ラップに包んで電子レンジで約30秒加熱する。
3 2をすぐに冷水にさらし、皮をむき、粗くみじん切りにする。
4 耳を除いた食パンの上に、1、3、とろけるチーズをのせ、オーブントースターで2分程度焼く。
5 食べやすい大きさにカットする。

## パプリカの卵焼き

**材料**

- パプリカ…20g
- 卵…1/2個
- 牛乳…15mℓ

**作り方**

1 パプリカの種、わた、ヘタを取り除き、ラップに包んで電子レンジで30秒ほど加熱する。
2 1をすぐに冷水にさらし、皮をむき、みじん切りにする。
3 ボウルに2とすべての材料を入れ、よく混ぜ合わせる。
4 3を耐熱容器に入れ、電子レンジで1分30秒程度加熱する。
5 冷めたら食べやすい大きさにカットする。

2回目

## 軟飯
80g

▶P155

## 豆腐ステーキ

**材料**

- 豆腐（絹ごし）…1/8丁
- 醤油…数滴
- かつお節…5g
- 油…少々

**作り方**

1 豆腐を電子レンジで1分程度加熱して水気を切り、薄くスライスする。
2 油を薄く引いたフライパンで豆腐を両面こんがりと焼く。
3 醤油とかつお節をあえて、2の上にのせる。

2回目P211に続きます

## しいたけのネバネバ野菜煮

**材料**

- しいたけ…15g
- 納豆（ひき割り）…15g
- オクラ…20g
- だし汁…30mℓ

**作り方**

1 しいたけは、かさの部分を粗くみじん切りにする。
2 納豆は、湯通ししてぬめりを取る。
3 オクラはヘタと種を取り、粗くみじん切りにする。
4 小鍋に、1、2、3とだし汁を入れ、やわらかく煮こむ。

3回目

主食

## レタスとツナのチャーハン

**材料**

- レタス…1/3枚（葉先のやわらかい部分）
- ツナ（ノンオイル）…大さじ1
- 軟飯…80g
- 醤油…2〜3滴
- 油…少々

**作り方**

1 レタスは細かくちぎる。
2 ツナは水気を切ってほぐす。
3 フライパンに油を薄くひき、中火で1と2を炒める。
4 3に軟飯を加えてさらに炒め、醤油を加えて味を調節する。

## 牛豚ひき肉レンコンソーセージ

**材料**

- 玉ねぎ…5g
- レンコン…5g
- 牛豚ひき肉…10g
- 卵…小さじ1
- 青のり…適量
- 片栗粉…10g

**作り方**

1 玉ねぎはやわらかくゆでて、みじん切りにする。
2 レンコンはゆでて、すりおろす。
3 ボウルに1、2とすべての材料を入れ、よく混ぜ合わせる。
4 3をラップにのせ、つかみやすい長さになるよう棒状に成形し、キャンディ状に包む。
5 4をシリコンスチーマーに入れ、電子レンジで2分ほど加熱する。



●献立はあくまでサンプルです。赤ちゃんの成長や発達に合わせて無理なく進めましょう。●赤ちゃんが食物アレルギーの診断を受けている、または疑いのある場合は必ず医師と相談の上進めてください。●レシピの食材は旬のものや自宅にあるものに置き換えてもかまいません（ただし、この時期に食べられる食材かどうかチェックしましょう）。

〈完了期〉
1歳〜1歳6カ月ごろ 3回食

1回目

小麦 乳製品 主食

## きゅうりとヨーグルトのサンドイッチ

**材料**
- ヨーグルト（無糖）…30g
- きゅうり…10g
- 食パン（8枚切り）…1枚

**作り方**
1 ザルの上にキッチンペーパーを敷き、ヨーグルトを入れて水切りしておく（※1）。
2 きゅうりは薄くスライスする。
3 食パンの耳を切り落とし、半分にカットして1と2をのせ、サンドイッチにする。

※1 ヨーグルトの上にもキッチンペーパーをのせ、その上に小さめのお皿などを重石代わりにのせておくと短時間で水切りができます。

## のりとチーズの卵焼き

**材料（2食分）**
- 卵…1個
- だし汁…10mℓ
- 焼きのり…1/2枚
- とろけるチーズ…1/2枚
- 油…少々

**作り方**
1 卵を割りほぐし、だし汁と混ぜ合わせる。
2 熱したフライパンに薄く油をひき1を流し込む。
3 2の卵液の上に、のり、とろけるチーズをのせ、くるくると巻きながら焼く。
4 冷めたら切り分ける。

## にんじん角切り

**材料**
- にんじん…15g

**作り方**
1 にんじんは5〜7mm角ほどに切り、やわらかくゆでる。
2 水気を切り皿に盛る。

## 2回目

主食 小麦 乳製品

### 豆腐と野菜のパンケーキ

**材料（4食分くらい）**
- 玉ねぎ…20g
- にんじん…20g
- 豆腐（絹ごし）…30g
- ホットケーキミックス…80g
- 牛乳…80mℓ

**作り方**
1. 玉ねぎとにんじんをみじん切りして、電子レンジで1分ほど加熱する。
2. 豆腐を30秒ほど電子レンジで加熱して、水気を飛ばし、すりつぶす。
3. 1と2とホットケーキミックス、牛乳を混ぜ合わせて、フライパンで両面を焼く。

### バナナのグリーンスムージー

**材料**
- バナナ…1/2本
- りんご…1/8個
- 小松菜…30g
- 水…100mℓ

**作り方**
1. 小松菜をさっとゆでる。
2. 材料をすべてブレンダーかミキサーで混ぜる（※1）。

※1 好みのフルーツや野菜を加えてアレンジしても。

## 3回目

主食

### 軟飯 80g

▶P155

主菜

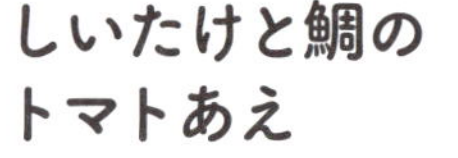
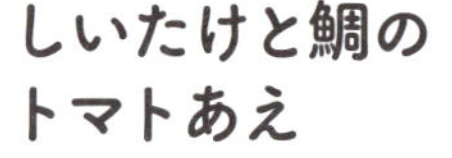

### しいたけと鯛のトマトあえ

**材料**
- しいたけ…15g
- 鯛（刺身）…1切れ
- トマト…20g
- 醤油…少々

**作り方**
1. しいたけはやわらかくゆで、かさの部分を細かくみじん切りにする。
2. 鯛はゆでて、身をほぐす。
3. トマトは湯むきし、種を取り除き、粗くみじん切りにする。
4. 1、2、3、醤油をあえる。

副菜

### レンコンと小松菜のスープ

**材料**
- にんじん…10g
- 小松菜…10g
- だし汁…100mℓ
- レンコンペースト…15g ▶P94
- 塩…少々

**作り方**
1. にんじんと小松菜をみじん切りにする。
2. 小鍋にだし汁、1を入れてやわらかく煮たらレンコンペーストと塩を加えひと煮立ちさせる。



●献立はあくまでサンプルです。赤ちゃんの成長や発達に合わせて無理なく進めましょう。●赤ちゃんが食物アレルギーの診断を受けている、または疑いのある場合は必ず医師と相談の上進めてください。●レシピの食材は旬のものや自宅にあるものに置き換えてもかまいません（ただし、この時期に食べられる食材かどうかチェックしましょう）。

〈完了期〉

# 1歳～1歳6カ月ごろ

3回食

## 1回目

### パン

▶P194

### ヨーグルト風味の白身魚のソテー

**材料**

- 白身魚…30g
- ほうれん草…15g
- トマト…15g
- とうもろこし…10g
- ヨーグルト（無糖）…10g
- マヨネーズ…少々
- バター…少々

**作り方**

1 白身魚の皮と骨をきれいに取り除く。
2 ほうれん草をサッとゆで、2～3㎜程度にカットしておく。
3 湯むきして種を取り除いたトマトを5㎜角にカットする。
4 とうもろこしは粒に分け、サッとゆでる。
5 器にヨーグルトを入れ、マヨネーズを加えて、よく混ぜてソースを作る。
6 フライパンをあたためて、バターを溶かし、白身魚に火が通るまで両面をよく焼く。
7 お皿に6と2、3、4を彩り良く盛りつける。
8 7の白身魚に5のヨーグルトソースをかける。

## 2回目

### にんじんとしらすの炊き込みご飯

主食

**材料（5食分）**

- にんじん 1/4本
- 玉ねぎ…1/4個
- 米…1合
- 水…400㎖
- みりん…小さじ1
- 醤油…小さじ1
- しらす…40g

**作り方**

1 にんじん、玉ねぎは、皮をむき、みじん切りにする。
2 といだお米に水を入れ、みりんと醤油を加える。
3 2に、1としらすを入れ、炊飯器の標準モードで炊く。

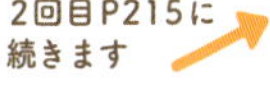
2回目P215に続きます

## キャベツの冷しゃぶサラダ

**材料**

- キャベツ…20g
- ブロッコリー…5g
- にんじん…5g
- 玉ねぎ…5g
- 豚もも薄切り…15g
- 片栗粉…小さじ1
- だし汁…大さじ1
- 醤油…小さじ1/3

**作り方**

1 キャベツとブロッコリーは、2〜3㎜程度の大きさに切る。
2 にんじん、玉ねぎの皮をむき、7㎜角に切る。
3 1と2をゆでて、水気を切っておく。
4 豚肉に片栗粉をまぶし、ゆでて細かく切っておく。
5 だし汁と醤油を混ぜ合わせる。
6 お皿に3と4を盛りつけて、5をかける。

**3回目**

主食 卵 小麦

## ニラ入りチヂミ

**材料**

- ニラ…10g
- にんじん…10g
- 玉ねぎ…10g
- 小麦粉…40g
- 卵…1/2個
- 水…20㎖
- ごま油…適量

**作り方**

1 ニラは細かくみじん切りにする。
2 にんじん、玉ねぎは薄くせん切りにする。
3 1、2をゆでて水気を切っておく。
4 ボウルに小麦粉、卵、水を入れてかき混ぜ、3を加え全体をよく混ぜる。
5 フライパンを熱してごま油をひき、4を焼き、食べやすい大きさに切る。

## アボカド納豆

**材料**

- アボカド…15g
- 納豆（ひき割り）…20g
- 醤油…2滴
- 焼きのり…適量

**作り方**

1 アボカドは皮と種を取り除き、粗めのみじん切りにする。
2 納豆と1を混ぜ合わせる。
3 2に醤油を垂らして混ぜ合わせ、仕上げにのりをまぶす。



●献立はあくまでサンプルです。赤ちゃんの成長や発達に合わせて無理なく進めましょう。●赤ちゃんが食物アレルギーの診断を受けている、または疑いのある場合は必ず医師と相談の上進めてください。●レシピの食材は旬のものや自宅にあるものに置き換えてもかまいません（ただし、この時期に食べられる食材かどうかチェックしましょう）。

# 14日目

〈完了期〉
1歳〜1歳6カ月ごろ　3回食

## 1回目

### モロヘイヤのおやき

**材料**
- モロヘイヤ…20g
- 玉ねぎ…20g
- 小麦粉…40g
- 卵…1/2個
- 油…少々

**作り方**
1. モロヘイヤと玉ねぎは、やわらかくゆで、粗いみじん切りにする。
2. ボウルに1とすべての材料を入れ、よく混ぜ合わせる。
3. 熱したフライパンに薄く油をひき、2をスプーンでひと口大に落とし、両面を焼く。

### 牛乳

100mℓ

## 2回目

### ヨーグルト蒸しケーキ

**材料（2食分・4個）**
- ヨーグルト（無糖）…30g
- ホットケーキミックス…50g
- 牛乳…10mℓ
- レーズン…適量
- とうもろこし…適量
- トマト…適量

**作り方**
1. ボウルに、ヨーグルト、ホットケーキミックス、牛乳を入れてよく混ぜ合わせる。
2. 1にレーズン、ゆでたとうもろこし、湯むきして種を除いた角切りのトマトを加え、混ぜる。
3. 2の生地を型に流し、スチーマーに入れ、電子レンジで2〜3分加熱するか、蒸し器で10分程度蒸す（※1）。

※1 竹串を蒸しパンに刺して、中まで火が通っているか確認しましょう。加熱し過ぎると、生地が固くなってしまうので、様子を見ながら蒸してください。

### アボカドのカラフルサラダ

**材料**
- トマト…15g
- アボカド…15g
- 鶏ささみ…10g

**作り方**
1. トマトは湯むきして種を取り除き、粗めのみじん切りにする。
2. 鶏ささみはゆでて細かくほぐしておく。
3. アボカドは皮と種を取り、粗めのみじん切りにする。
4. 1、2、3を混ぜ合わせる。

## 3回目

主食

## 軟飯
80g

▶P155

## ひじき入りハンバーグ

主菜

**材料（2食分）**

- 乾燥ひじき…2g
- 玉ねぎ…10g
- とうもろこし…5g
- 鶏ひき肉…40g
- 片栗粉…5g
- 醤油…少々
- 油…少々

**作り方**

1 乾燥ひじきを水で戻して、みじん切りにする。
2 玉ねぎをみじん切りにする。
3 とうもろこしはゆでて粒に分けておく。
4 ボウルに1、2、3とすべての材料を入れ、肉に粘り気が出るまで手でこねる。
5 4を適当な大きさに成形する。
6 フライパンに薄く油をひき、5を入れフタをして、中火で約1分半ずつ両面を焼く。

副菜

## トマト寒天ゼリー

**材料**

- トマト…30g
- りんごジュース…120mℓ
- 寒天（粉）…1g

**作り方**

1 トマトは湯むきして種を取り除き、細かくカットする。
2 鍋にりんごジュースと寒天を入れて火にかけ、沸騰したら弱火にし、寒天が溶け透き通るまで木べらで混ぜる。
3 1を2に入れて混ぜる。
4 3を型に流し入れ、粗熱が取れたら冷蔵庫で冷やす（※1）。

※1 甘味をつけたい場合は、3で砂糖を少量追加しましょう。



●献立はあくまでサンプルです。赤ちゃんの成長や発達に合わせて無理なく進めましょう。●赤ちゃんが食物アレルギーの診断を受けている、または疑いのある場合は必ず医師と相談の上進めてください。●レシピの食材は旬のものや自宅にあるものに置き換えてもかまいません（ただし、この時期に食べられる食材かどうかチェックしましょう）。

# 1歳~1歳6カ月ごろのイベントレシピ

1歳の
お誕生日に！

## 食パンケーキ

**材料（2食分）**

- ヨーグルト（無糖）…60g
- 食パン（8枚切り）…2枚
- いちご…1個
- キウイ…20g
- ボーロ…適量

**作り方**

1 ヨーグルトをザルにあけ、1時間以上水切りする。
2 食パンを大きめのコップなどで、1枚ずつ丸の形にくり抜く。
3 2の生地を2枚重ねにし、1のヨーグルトをデコレーションする。
4 キウイは、種と芯を取り除き、みじん切りにする。
5 いちごは、薄くスライスする。
6 3のケーキ土台に4、5、ボーロを乗せ、デコレーションする。

## こいのぼりの卵焼き

**材料**

- 卵…1個
- 牛乳…10mℓ
- きゅうり…2cm
- スライスチーズ…少々
- 焼きのり…少々

**作り方**

1 卵に牛乳を加えてよくかき混ぜ、卵焼き器で焼いて厚焼き卵を作る。
2 粗熱が取れたら、こいのぼりの形にカットする。
3 きゅうりを薄切りしてうろこを作り、チーズは丸く型抜きする。
4 2に3、のりをのせて飾りつける。

# 栄養素別 INDEX

初期 中期 後期 完了期

## 炭水化物



## タンパク質

## ビタミン

レシピ監修: 手作り離乳食 by ninaru

3人に1人のママ・パパが使用している（※）人気の離乳食アプリ。740以上の初期～後期レシピが掲載され、時期別／食材別でも検索することができる。卵／小麦／牛乳など、主要なアレルギー食材を除いてのレシピ検索も。iOS／android対応
アプリ提供・問い合わせ：株式会社エバーセンスhttps://eversense.co.jp
（※）厚生労働省発表「人口動態統計」とiTunes ConnectおよびGoogle Play Consoleのアプリダウンロード数から算出。（2019年7月時点）

監修：中村美穂（管理栄養士）
保育園栄養士として乳幼児の食事作りや食育活動、地域の子育て支援事業に携わる。2009年に独立し、料理教室を開催。離乳食教室、食育講座の講師のほか、書籍・雑誌・WEB記事、生協カタログ等へのレシピ提供、監修を多数担当。2児の母。
おいしい楽しい食時間 http://syokujikan.com

365日マネするだけ離乳食
離乳食はこの1冊でまるごと解決！

2019年10月3日　初版発行
2025年6月20日　28版発行

レシピ監修／手作り離乳食　by ninaru
監修／中村 美穂
発行者／山下 直久
発行／株式会社KADOKAWA
〒102-8177　東京都千代田区富士見2-13-3
電話　0570-002-301（ナビダイヤル）

印刷所／TOPPANクロレ株式会社


ISBN 978-4-04-604448-8　C0077